부처님 말씀 이해하기

편저자 무관 스님

청어

부처님 말씀 이해하기

무관 스님 지음

발행처 도서출판 청어
발행인 이영철
영업 이동호
홍보 천성래
기획 남기환
편집 이설빈
디자인 이수빈 | 김영은
제작이사 공병한
인쇄 두리터

등록 1999년 5월 3일
(제321-3210000251001999000063호)

1판 1쇄 발행 2024년 4월 5일

주소 서울특별시 서초구 남부순환로 364길 8-15 동일빌딩 2층
대표전화 02-586-0477
팩시밀리 0303-0942-0478
홈페이지 www.chungeobook.com
E-mail ppi20@hanmail.net

ISBN 979-11-6855-233-3(03220)

부처님 말씀 이해하기

편저자 · 무관 스님

차례

참고문헌

금강경오가해 / 무비 스님(불광출판사)

금강경 / 송강 스님(도서출판 도반)

금강경 / 정화(법공양)

화엄경 / 탄허 스님 역

화엄경 / 무비 스님(민족사)

한국화엄사상 / 불교문화연구원

법구경 / 정무 스님(홍법원)

법구경 / 김달진(현암사)

법구경 이야기 / 본각 스님 이호신(뜨란)

열반경 / 동국역경원

대만전자대장경 CBReader

대반야경 / 동국역경원

한국선사상 / 동국대 불교문화원

육조 스님 금강경 / 원순 스님(도서출판 법공양)

니까야로 읽는 금강경 / 이중표(불광출판사)

원각경 / 탄허 스님(교림)

원각경주해 / 월운 스님(동국역경원)

정토삼부경 / 이태원 역(운주사)

법화경 / 우학 감수(도서출판 좋은인연)

법화삼부경 / 혜조 역주(운주사)

유교경 / 김지수(하늘북)

현구집

불교대사전(홍법원)

불교성전

　　최근 십여 년 동안 작은 포교당을 신도님들과 함께해오면서, 부처님 말씀을 전하는 소임을 다 하기를 발원하였으나, 때로는 그저 나 자신이고 싶다는 무기력에 허우적대기도 하였다. 그래도 출가 수행자의 삶이 적극적인 것을 추구하여야 한다는 선배 스님들의 충고와 함께, 대장경 속 「일야현자경一夜賢者經」에서 말하는 '과거를 따라가지 말고 미래를 기대지 말라. 한 번 지나가 버린 것은 사라지는 것. 또한 미래는 아직 오지 않았다. 여러 가지 현재의 일을 자세히 살피고, 그리고 잘 알아 실천하라.'는 말씀으로 이해하고 기억한다. 인간의 어리석음을 깨우쳐 주는 부처님의 수많은 법문 중에서도 『법구경法句經』을 재가 시절부터 출가 이후 지금까지 항상 곁에 두고 독송하였다. 오늘에 와서 되돌아보니 나의 수행 지침서로 삶의 지표가 되었다고 감히 말할 수 있다. 학인 시절 중앙승가대학교와 동국대학교 대학원을 다니던 시절에 강의를 듣고 틈틈이 노트해 두었던 것을 끄집어내어 참회하고 성찰하는 마음으로 나의 부끄러움을 세상에 내보이고 수행의 방편으로 삼으려고 한다.

　끝으로 부처님의 요긴한 말씀을 간추려 정리하였다. 그러나 오류가 많으리라 생각한다. 그리고 누구나 부처님의 진리 속에 다가갈 수 있게 바라는 마음에서 용기를 내었다. 부디 충고와 지도를 바라면서 이 책을 통하여 부처님의 마음처럼 맑고 큰 깨달음으로 평안하시길 간절히 바랍니다.

　부처님을 공경합니다.

　부처님께 지극한 마음으로 귀의합니다.

계묘년 겨울

무관(無觀)

석가모니釋迦牟尼 부처님

　불佛: 범어 buddha. 깨달은 사람. 절대의 진리를 깨달은 사람. 완전한 인격자. 존경받을 만한 스승. 스스로 진리를 깨닫고, 타인을 깨닫게 하는 궁극의 각자覺者. 불타佛陀. 지자智者라 번역하며, 깨달음의 기능이 전지전능全知全能하게 충만하다는 뜻이 있다. 그래서 불타의 덕을 찬송하는데 여러 가지 불호佛號를 건립한다.

　여래십호如來十號[1]를 비롯하여 일체지자一切智者, 일체견자一切見者, 개도자開道者, 설도자說道者, 세존世尊, 세웅世雄, 세안世眼, 세영世英, 천존天尊, 대각존大覺尊, 각왕覺王, 각황覺皇, 법왕法王, 대존사大尊師, 대성인大聖人, 대사문大沙門, 대선인大仙人, 대의왕大醫王, 불천佛天, 불일佛日, 양족존兩足尊, 이족존二足尊이 있

---

1)　부처님을 열 가지로 부르는 다른 이름: 여래, 응공, 정변지, 명행족, 선서, 세간해, 무상사, 조어장부, 천인사, 불, 세존.

다. 양족존, 이족존은 두 다리를 가진 생류生類 중에서 가장 높고 존귀하며, 또 이족이라 함은 원願과 행行을, 복福과 혜慧를 갖추었다는 뜻이다. 불佛을 인도하는 뜻으로 능인能人, 석가모니불을 능인能仁이라고도 한다. 그리고 아미타불阿彌陀佛을 안락능인安樂能人이라고도 한다.

불타佛陀의 특유하고 큰 덕으로 하여 몸에는 삼십이상三十二相[2], 팔십종호八十種好를 구족하고, 또 십력十力, 사무소외四無所畏, 팔십불공법八十不共法 등의 능력을 갖추고 있다.

또 불타의 초월성을 칠승사七勝事, 칠종최승七種最勝, 칠종무상七種無上이라 한다. 이는 곧 신승身勝, 여법주승如法住勝, 지승智勝, 구족승具足勝, 행처승行處勝, 불가사의승不可思議勝, 해탈승解脫勝의 일곱 가지 이름이 있다. 천중천天中天, 인중우왕人中牛王, 인웅사자人雄師子, 불타佛陀의 정定과 지智와 비悲는 가장 뛰어나기 때문에 대정大定, 대지大智, 대비大悲라고 하여 단덕斷德, 지덕智德, 사덕思德을 삼덕三德에 배속하고 대정지비大定智悲라고 한다.

---

2) 불타의 육신이나 전륜성왕轉輪聖王의 몸에 갖추어져 있는 거룩한 용모. 형상 중에서 현저하게 뛰어난 서른두 가지를 32상이라고 한다. 여기에 미세하고 은밀한 80종호를 합하여 상호相好라고 한다.

과거세過去世에 나타나신 불佛은 과거칠불過去七佛, 연등불燃燈佛을 과거불過去佛 또는 고불古佛이라고 하고, 미래 사바세계에 나타나는 미륵불彌勒佛을 후불後佛 또는 당래불當來佛이라고 한다. 최초의 불佛은 석존釋尊이라고 하였으나 조금 지나서 과거칠불過去七佛, 석존은 그 일곱 번째의 사상이 생기고 미래불未來佛로써 미륵불彌勒佛을 생각하고, 현재는 석존과 미륵불彌勒佛의 중간에 무불無佛의 세상이라고 한다.

소승에서는 현재세에 있어서 일불설一佛說이고 대승은 다불설多佛說인데, 또 삼세의 모든 부처에 대해서 과거의 장엄겁莊嚴劫에 천불千佛, 현재의 현겁賢劫에 천불千佛, 미래의 성숙겁星宿劫에 천불千佛, 이 삼겁에 삼천불三千佛이 있다고 하며, 그 불명은 삼겁삼천불명경三劫三千佛名經에 있다.

「佛教辭典」, 「佛教聖典」

부처님의 생애 生涯

탄생誕生과 출가出家

인도 히말라야산 아래 가비라위迦毘羅衛 카필라에 흐르는 로히니 강[3] 주변에 석가족 왕인 숫도다나 고타마(정반왕淨飯王)는 선정을 베풀어 부족의 모든 백성들이 존경하였다.

숫도다나 고타마의 삼촌이며 천비성天臂城의 선각장자善覺長者로 이웃 지역을 다스리고 있는 콜리국 왕의 장녀, '마야'를 정반왕이 부인으로 맞이하였다.

왕비의 이름은 마야부인摩耶夫人이었으며, 부부는 20년

---

[3] 로히니강은 숫도다나 왕이 다스리고 있던 카필라국과 부처님의 외가인 콜리국 사이에 로히니강이 흐르고 있었다. 어느 해 가뭄이 극심해지자 물을 서로 차지하려는 욕심으로 급기야 두 나라 간의 큰 분쟁으로 치닫게 된다. 전운이 감도는 상항을 감지한 부처님은 그 지역으로 가 전쟁을 벌이려는 이유를 묻는다. 그 이유가 물 때문이라는 사람들의 대답에 물과 병사들의 목숨 가운데 어느 것이 더 존귀하냐 되묻는다. 고작 물 때문에 값으로 매길 수 없는 존귀한 사람들의 목숨을 해치는 것이 얼마나 어리석은 일인가를 깨우쳐 주었다.

이 지나도록 자식이 생기지 않았다. 그러던 어느 날 밤에 마야부인의 오른쪽 가슴을 통해 여섯 개의 이를 가진 흰 코끼리 한 마리가 몸속으로 들어오는 태몽을 꾸고 잉태孕胎하였다.

마야부인은 출산할 때가 가까워져 출산을 위해 콜리성인 친정으로 돌아가던 중 룸비니동산에 따스한 봄볕 속에 아쇼카꽃(무우수無憂樹)들이 아름답게 피어 있는 것을 보고, 마야부인이 오른팔을 올려 그 꽃가지를 꺾으려는 순간 왕자를 낳았다.

그때 모든 이들이 왕비와 아기 태자를 환영하며 진심으로 기뻐했고, 하늘과 땅도 경축하였다. 이 태자가 임금의 자리를 버리고 출가 수행하여 부처가 된 후 무수한 중생을 교화한 석가모니釋迦牟尼 부처님이시다.

그날이 우리가 기념하는 사월 초파일이다. 지금으로부터 이천오백여 년 전의 일이다.

그러나 기쁨도 잠시, 싯다르타[4](싯달타: 태자)를 출산을 한 지 7일 뒤에 마야 왕비가 세상을 떠났다. 큰 슬픔이었다. 그리고 왕비는 도리천忉利天에 태어났다고 한다. 그래서 왕비의 누이동생인 '마하파자파티'는 수양어머니가 되어 지극한 사랑으로 어린 태자 싯다르타를 보살펴 주었다. 이모가 싯다르타의 새어머니로 들어온 것이다. 이것은 인도 그 나라의 풍습이었다.

　　어느 날 아시타 선인이 카필라성으로 찾아왔다. 그는 히말라야산에서 수도에만 전념하고 있는데, 천신들이 '부처님이 세상에 출현했다는' 소리를 듣고 그는 카필라 왕궁에 태자 싯다르타가 태어난 것을 천안으로 알게 된 그는, 싯다르타를 보려고 왕궁을 찾아온 것이다. 왕은 기뻐하며 태자를 보도록 하였다. 아시타 선인은 어린 싯다르타를 보고는 커서 세계를 통일하는 위대한 전륜성왕轉輪聖王이 되거나, 만일 집을 떠나 수행자가 된다면 큰 깨달음을 얻은 후 세상을 구제하는 붓다가 될 것이라고 예언을 하였다.

----

4)　싯다르타는 '모든 일이 다 성취되어'라는 뜻이다.

싯다르타는 몹시 총명하였고 학문과 무예를 익히며 성장하였다. 그러나 숫도다나왕은 태자의 얼굴에서 그늘진 표정을 볼 때마다 가슴이 아팠다. 이 세상을 떠나간 어머니를 그리워하는 싯다르타를 더욱 애처롭게 여겼다.

싯다르타가 열두 살 되던 따뜻한 봄날, 아버지 숫도다나왕을 따라 성 밖의 들판에 나가 농부들이 농사를 위해 땀을 흘리며, 밭을 가는 고된 광경을 보고 마음이 어두워졌다. 그때 농부의 쟁기 끝에 꿈틀거리는 벌레들을 새가 날아와 쪼아먹는 것을 보고, 어린 싯다르타는 마음에 큰 충격을 받고 홀로 나무 그늘에 앉아 형언할 수 없는 깊은 생각에 빠졌다.

'살아있는 모든 생명은 서로를 죽이는구나. 가엾어라! 가엾어라!'

태어나자마자 어머니를 잃은 싯다르타는 이 작은 생명체들이 서로 먹고 먹히는 비극에 큰 영향을 받았다. 어찌하여 살아있는 것들은 서로 먹고 먹히며 괴로운 삶을 이어가야만 할까?

무슨 이유로 그렇게 살아가야만 하는 것일까?

모든 생명은 산다는 그 자체가 고통만 같았다.

소년 싯다르타는 깊은 생각에 잠긴 채 큰 나무 아래 앉아 명상에 잠겼다. 싯다르타의 마음에 생긴 인간의 삶에 대한 깊은 고통 역시 성장할수록 더욱더 깊어만 갔다.

아버지 숫도다나왕은 싯다르타의 그러한 마음의 고통을 치료하고 또 깊은 생각에 빠지는 태도를 바꾸어 주기 위해 수많은 노력을 하였다.

숫도다나왕은 싯다르타가 자기의 뒤를 이어 카필라국을 잘 다스려 주는 왕이 된다면, 더 이상 바랄 것이 없었다. 그러나 깊은 학문을 쌓은 싯다르타는 학문이란 한낱 지식을 높여줄 뿐 인생의 근본적인 문제를 해결할 수 없다는 것을 알게 되었다.

사람은 무엇 때문에 태어나고 죽는가!
사람은 어째서 늙고, 병들고, 고통으로 죽는가!

이런 인생의 근원적인 문제에 대해서는 어떤 학문도 어떠한 책에서도 누구도 해답을 주지 못했다. 태자는 이와 같은 인생의 문제를 풀어줄 수 있는 길을 찾기로 한다. 그리고 자주 명상에 잠긴다.

숫도다나왕은 예전에 있었던 아시타 선인의 예언을 생각하면서 많은 걱정을 했다. 태자 싯다르타가 깊은 생각에 잠기는 일이 자주 일어날수록 숫도다나왕은 마음이 점점 어두워졌다. 싯다르타의 그러한 마음의 고통을 치료하고 깊은 생각에 잠기는 것을 바꾸어 주기 위해 삼궁三宮을 세웠다. 그리고 여러 가지 노력을 하였다.

숫도다나왕은 싯다르타가 19세가 되던 해에 싯다르타의 외삼촌이며 데바다하성 스프라붓다왕[5]의 딸인 야소다라와 서둘러 결혼을 시켰다. 태자 싯다르타는 결혼이 마음에 내키지 않았지만 부왕의 간곡한 권유와 한편 부왕을 조금이라도 기쁘게 해드리고 싶은 효심에서 뜻에 따르기는 했어도 결혼 이후에 여전히 사색에 잠기거나 깊은 생각에 빠질 때가 많았다. 그때마다 슬기로운 야쇼다라는 남편 싯다르타의 마음을 위로하며 정성으로 사랑했으나 마음을 잃은 듯 생각에 잠기어 있을 때가 많았다.

비가 오는 계절이나 추운 계절에도 잘 지낼 수 있게 지

---

5) 마야왕비의 오빠.

어진 삼궁三宮[6]을 오가며 많은 궁녀들과 아름다운 음악과 춤을 즐기는 생활을 하였다. 그러나, 그러한 쾌락과 최상의 생활을 하면서도 싯다르타의 마음속 깊이 자리 잡은 생각만은 아무도 어쩔 수가 없었다.

인간이 영원히 살 수 있고 모든 사람이 한결같이 행복할 수 있다면 싯다르타도 마음 놓고 즐기며 살 수 있었을 것이다. 싯다르타는 태어나면서부터 어머니의 죽음으로 인생의 덧없음을 느끼었다. 싯다르타의 생각은 늘 인생의 근원적인 문제로 남아 있었다.

이 궁전의 호화로움과 건강한 육체, 모든 것을 다 가질 수 있는 태자는, 결국 나에게 무슨 의미가 있는가?

인간은 누구나 죽는다.

인간은 누구나 늙고 병들고 죽는다.

살았다고 하지만 언제 죽을지도 모른다.

죽으면 우리는 어떻게 되는 것일까?

죽음을 면할 수는 없다.

그리고 산다는 것은 어떤 의미를 갖는가?

싯다르타는 인생의 참 의미를 위해 늘 깊은 명상에 잠

---

6) 삼시전三時殿: 1. 난전暖殿으로 겨울에 있게 하고. 2. 량전涼殿으로 여름에 있게 하고. 3. 온전溫殿으로 춘추에 있게 한 별궁.

기였다.

아내 야쇼다라도 어찌할 수 없었다.

싯다르타는 명상에서 늙은 자신의 모습을 보았고 병들어 앓다가 고통으로 죽어가는 모습도 보았다. 싯다르타는 전에 성문 밖에서 만났던 출가 사문沙門의 모습이 생각났다.

야쇼다라와 결혼을 한 지 벌써 10년이 지났다. 싯다르타는 마음이 초조해지기 시작했다. 아! 나는 지금 늙어가고 시간은 죽음으로 점점 가까이 가고 있는데, 이대로 살다가 죽는다면 아무런 보람도 없이 허망하지 않는가? 그 순간 싯다르타는 외쳤다.

나도 출가 사문의 길을 나서자!

싯다르타의 마음에 출가의 결심을 한다.

수행자가 되어 마음에 고통을 해결할 수 있는 길을 가기로 결심한다. 그러나 출가 후 일들을 생각하니 마음이 불편했다. 부왕의 실망이 얼마나 클 것인가. 그리고 아내 야쇼다라는 얼마나 애통하며 슬퍼할 것인가. 이런 생각 때문에 싯다르타는 잠을 이룰 수 없었다.

이제 모든 것을 버리고 출가할 결심한 싯다르타는 부왕 앞에 나아가서 '은애恩愛로서 모인 것은 반드시 이별의 고통이 있사오니 바라건대 저가 사문의 길을 가게 출가를 허락

하옵소서' 이때 부왕은 싯다르타의 손을 잡은 채 말을 못 하고 눈물을 흘리면서 흐느껴 울었다. 한참 있다가 슬픈 목소리로 사랑하는 태자 싯다르타야, 무슨 소원이든 다 말하라. 다 들어 줄 것이다. 그러니 출가의 뜻을 버려다오.

싯다르타는 부왕에게 한 가지 소원의 말씀을 올리겠습니다. 하면서 '제 소원은 늙고 병들어 죽어가는 고통에서 벗어날 방법을 가르쳐 주시면 저는 이 자리에서 출가의 뜻을 버리겠습니다.'

부왕은 이 말에 큰 충격을 받고 어처구니가 없었다.

모든 소원을 다 들어주겠다던 부왕도 태자 싯다르타의 소원만은 어쩔 수가 없었다. 부왕 자신도 늙고 죽음 앞에서는 너무도 무력하다는 것을 새삼 느끼면서 말했다. 나라에 뒤를 이을 사자嗣子가 없는데 나를 위하여 아들을 낳은 후에 출가하라 하시었다.

그리고 싯다르타는 부왕에게 출가의 결심을 알린 후 왕궁을 떠날 기회만을 찾고 있었다. 그날도 왕궁 숲속에서 명상에 잠기다가 돌아오는 길이었다. 궁전 안에 기쁜 소식이 전해졌다. 야쇼다라가 아들을 낳은 것이다. 싯다르타의 나이가 29세 되던 해이다. 숫도다나왕은 너무 기뻐 분부를 내려 큰 잔치를 베풀고 왕손의 탄생을 온 나라에 알리며 축하

하도록 하였다. 아들이 탄생했다는 소식을 들은 싯다르타는 탄식하면서 "오, 라홀라, 라홀라" 나의 길을 막는 인연이 생겼구나 하였다. 싯다르타는 얼마나 괴로웠기에 자기 아들의 탄생을 보고 라홀라[7]라고 했을까. 한편 라홀라라고 탄식했지만 이제 기회가 왔다고 결심했다. 대를 이을 왕손이 태어났기에 출가가 가능했기 때문이다.

싯다르타는 왕궁을 떠나기로 결심했다.

어느 날 밤 마지막으로 모든 사람의 마음을 기쁘게 해주고 싶었다. 아내 야쇼다라와 함께 궁녀들의 노래와 춤을 구경했다. 그리고 사람들이 깊이 잠든 그 자리에서 일어났다. 평온하게 잠든 아내 야쇼다라와 어린 아기 라홀라를 바라보았다. 이 세상에서 가장 아름다운 평화가 어머니와 아기의 얼굴에 깃들어 있었다. 마음속으로 아내와 아기에게 용서를 빌었다. 그리고 마음속으로 이별을 고했다.

그날 밤 싯다르타는 시종인 잔다카만을 조용히 깨워 늘 타고 다니던 흰말을 끌고 나오도록 했다. 싯다르타는 말에

---

7) 라후라羅睺羅 석존의 아들. 석존이 태자로 있을 때 출가하여 도를 배우려고 마음을 내었다가, 아들을 낳고는 장애됨을 한탄하여 라후라라 이름을 지었다. 석존이 성도한 뒤에 출가하여 제자가 된다. 밀행제일密行第一 라후라는 후에 법회 회상에서 도칠보화여래蹈七寶華如來의 수기를 받다.

올랐다. 그리고 정든 왕궁을 떠나 수행자가 되었다. 성문을 나오면서 싯다르타는 맹세했다.

싯다르타는 '내가 생사의 문제를 해결하기 전에는 이 성문으로 돌아오지 않으리라'. 싯다르타는 갈망하던 출가 사문의 길을 밤중에 떠나게 되었다. 참으로 혼자서 가는 고독한 길이었다.

싯다르타의 길을 재촉하는 말발굽 소리는 밤하늘에 울려 퍼지고 숲속에서 풀벌레 소리만 들려올 뿐 싯다르타와 마부 찬다카는 한마디 말도 없었다. 아누피야 마을을 흐르는 아노마강을 건너자 막 먼동이 트자, 싯다르타는 말에서 내렸다. 싯다르타는 강물에 얼굴을 씻고 허리에서 칼을 뽑아 머리칼을 잘랐다. 이 모양을 본 잔다카는 눈물을 흘리며 슬퍼했다.

싯다르타는 몸에 지녔던 패물을 찬다카에게 주면서 "이 목걸이는 부왕에게 전하여라. 나는 다만 생, 노, 병, 사의 괴로움에서 벗어나기 위해 이 길을 걷는다고 말씀드려라. 그리고 나머지 패물은 양모(마하파자파티)님과 야쇼다라에게 전하여라. 내가 출가 사문이 된 것은 세속을 떠나기 위해서가 아니라 지혜와 자비의 길을 찾기 위해서라고 말씀

해다오".

　잔다카야, 만나면 헤어지는 것이 세상 인연이니 여기서 돌아가라. 그럼 잘 가거라. 잔다카는 통곡했다. 그리고 싯다르타는 타고 온 백마를 쓰다듬어 주면서 그동안 나를 위해 고생 많았다. 너도 잘 가거라. 백마도 이별의 눈물을 흘렸다.

구도자求道者

　구도求道[8]를 찾아 왕궁을 나온 싯다르타는 숲속에서 앉아 정신을 집중했다. 숲속에는 이름 모를 새들이 노래하고 사나운 짐승들이 서로 포효하는 소리가 가끔 들리는 가운데 심한 갈증과 허기를 느끼었다. 밤이 깊어 갈수록 숲은 무거운 정적으로 가라앉았다. 싯다르타는 정신을 집중해도 지나간 온갖 기억들이 머리를 어지럽게 하였다.

　싯다르타는 죽어도 포기하지 않겠다는 굳은 결심으로

---

8)　깨달음을 구하는 자. 해탈을 구하는 자. 수행자. 가르침을 구하는 자.

밤을 지새웠다.

다음날도 그다음 날도 계속되었다.

싯다르타는 어떠한 유혹이나 배고픔이나 추위를 이겨내며 한자리에 앉아있었다. 십여 일이 지나도 깨달음을 얻지 못하고 수행력이 큰 사람에게 가르침을 받아야겠다고 생각했다. 그리고 싯다르타는 자리에서 일어나 가까운 마을로 밥을 빌러 갔다.

싯다르타는 어떤 수행승한테서 박가바라고 하는 선인의 이야기를 듣고 선인이 고행하는 숲속을 찾아갔다. 박가바 선인을 찾아가서 박가바 제자들이 고행하는 모습을 보고 느낀 것은 실망이었다. 그곳에 수행승들은 혹독한 고행을 하는 것으로 고행을 참아내는 일로써 수행을 삼고 있었다. 싯다르타는 박가바에게 무엇 때문에 이 같은 고행을 합니까? 물었다. 선인은 이 같은 수행은 천상에 태어나기 위서라고 말했다.

싯다르타는 마음속으로 실망이 몹시 클 수밖에 없었다. 만약 천상에 태어난다 해도 천상의 즐거움이 다하면 다시 인간세계에서 고통을 받는다고 하는데, 그들의 고행이 어리석은 짓이구나 하면서 생각에 잠겨있었다.

박가바는 싯다르타에게 처음 고행은 괴롭고 어렵지만

수행력을 쌓으면 사람들에게 존경받고 천상에 태어난다고 했다. 싯다르타는 고통을 참는 고행은 존경하오나, 그것을 어떤 보상을 바라고 한다면 괴로움은 영원할 것이며 되풀이될 고통과 즐거움을 어떻게 하겠습니까? 물었다.

박가바는 이 질문에 답을 하지 못했다. 싯다르타는 그날 밤을 그곳에 머문 다음 날 먼동이 트자 다시 길을 떠났다. 그리고 집집마다 탁발하며 남쪽으로 수행자의 길을 걷기 시작했다. 싯다르타는 아라라 칼라마(아라다 카라마) 선인이 남쪽에 있다는 말을 듣고 그를 찾아가기로 하면서 아라라 칼라마 명성은 싯다르타도 예전부터 듣고 있었다. 강과 산을 넘어 강가 강을 건너 라자가하 왕사성王舍城에 도착했다. 라자가하는 마가다 나라의 수도로 빔비사라왕이 다스리고 있는 나라다.

싯다르타는 라자가하 근처 숲속에서 명상을 하다가 마을에 들어가 걸식하였다. 마을 사람들은 싯다르타의 기품과 행동을 보고 카필라 왕국의 태자 싯다르타를 알아보았다. 그리고 소문이 삽시간에 퍼졌다. 이 소문을 들은 빔비사라왕은 신하들을 거느리고 싯다르타를 찾아갔다. 싯다르타는 왕을 정중히 맞이하였다. 서로 인사를 하고 왕은 싯다르타에게 나와 함께 살자고 했다. 태자의 마음에 드는 땅을

드리고 편히 살 수 있게 해드리겠다는 말씀을 정중히 사양했다. 그리고 세상의 모든 욕망을 버리고 늙고 병들어 죽는 괴로움에서 벗어나 나 자신과 이웃 중생을 구제하고자 출가하였습니다.

빔비사라왕은 크게 감동했다. 빔비사라왕은 태자의 결심이 이루어지길 빌면서 만약 그러한 도를 얻으면 나에게도 그 법을 가르쳐 주시길 바라오. 빔비사라왕도 싯다르타의 인품과 정신력에 감동을 받았다. 싯다르타는 라자가하를 뒤로하고 아라라 칼라마 수행처에 도착하였다. 아라라 칼라마는 백발의 늙은 선인이었지만 싯다르타를 맞이하였다. 그곳에서 머무르며 스승의 가르침을 따라 수행하였다.

그 수행은 마음의 작용이 정지된 무념무상無念無想의 상태에 도달하는 수행이었다. 싯다르타는 용맹심을 가지고 밤낮으로 열심히 수행하였다. 그리고 아라라 칼라마 스승이 가르쳐준 경지에 오르자, 스승은 싯다르타여! 내가 얻은 경지에 도달했네. 이제 나와 함께 이 교단을 이끌어나가고 하였다. 싯다르타는 무념무상의 경지가 열반涅槃[9]의 경지

---

9) 번뇌의 불을 끈 상태. 열반의 경지에 듦. 열반은 해탈과 같은 뜻으로 풀이되기도 하나 어떤 경우에는 해탈로부터 열반이 얻어진다고 함.

가 아님을 알고 보다 높은 경지의 수행을 위해 떠나기로 결심한다.

어느 날, 카필라에서 부왕이 보낸 사신들이 와서 태자가 왕궁을 떠난 후 카필라가 온통 슬픔에 잠겼다는 소식과 특히 부왕과 야쇼다라의 비탄은 말로 전할 수 없다면서 싯다르타에게 왕궁으로 돌아갈 것을 애원하였다.

싯다르타는 그들에게 말했다. 인간은 생·노·병·사를 피할 수 없는 한 불행에서 벗어날 수 없다. 내 본래의 목적인 깨달음을 얻기 전에는 돌아갈 수 없다. 이 수행은 내 가족만이 아니라 모든 사람의 고통을 구하려고 하는 뜻에서 수행자가 된 것이다. 그대들은 나의 수행을 방해하지 말고 돌아가라. 사신들은 태자 싯다르타의 굳은 결심 앞에 어쩔 수 없이 돌아갔다.

얼마 후, 싯다르타는 웃다카 라마풋타라는 스승을 찾아가 그에게 사유思惟를 초월하고 순수한 사상만 남는 비상비비상처非想非非想處의 경지에 이르는 가르침을 받았다. 싯다르타는 웃다카 라마풋타 스승의 경지에 이르게 되었다. 웃다카 라마풋타는 수도승 싯다르타를 두려워하면서 비상비비상처 그 이상의 경지는 없다고 하였다. 그러나 싯다르타는 출가한 궁극의 목적이 이것이 아님을 잘 알고 있었다. 그리하여 다시 길을 떠났다. 이 세상에서 완전무결한 스승이란 있을 수 없다는 것을 알게 되었다. 그 무렵 인도에서 아라라 칼라마 수행승과 웃다카 라마풋타 수행승이 가장 으뜸가는 두 스승을 제외하고는 아무도 없었다 한다.

싯다르타는 더 이상 의지하고 배울 스승이 없다는 사실에 외로움과 허전함이 몰려왔다.

싯다르타는 생각한다.
이제 내가 의지해 배울 스승은 없다.
이제 내 자신이 스스로 깨달아야 한다.
이제 내 자신밖에 의지할 데가 없다.
싯다르타는 생각을 돌이키자 자신의 존재 가치가 새로워졌다.

지금까지 간절하게 원하는 깨침에 이르는 길이 아니라고 판단한 싯다르타는 마가다국의 가야伽倻 성 옆을 흐르는 네란자라강 니연선하尼連禪河 근처의 우루벨라 마을 숲속에서 혼자 힘든 고행을 하기 시작했다.

싯다르타는 정말로 무섭고 강도 높은 고행을 하였다. 과거의 어떤 수행자도, 현재의 어떤 수행자도, 또 미래의 어떤 수행자도 이 이상의 고행을 한 자는 없을 것이다. 이렇게 생각하면서 자신에게 굳은 결심을 하였다.

이때 웃다카 교단에서 나온 다섯 사문은 싯다르타가 결코 범상한 인물이 아닌 것을 알고 싯다르타를 따라왔다.

싯다르타는 몸과 마음이 탐욕과 집착을 떠나 고요히 안정되어야 그 고통을 통해서 최고의 경지에 이를 수 있다고 생각하고, 고행에 대한 근본적인 태도를 결정한 뒤 참혹한 고행을 다시 했다.

그 당시 싯다르타는 몇 톨의 곡식과 한 모금의 물로 하루를 보내며 자는 것도 잊어버릴 정도였다. 싯다르타의 얼굴은 해골처럼 몸은 뼈만 남은 몰골로 변해갔다. 고행은 죽음의 문턱을 넘나드는 시간의 연속이었다. 그러나 싯다르타는 완전히 번뇌를 끊지 못했으며 생사를 뛰어넘지도 못했다.

싯다르타는 오로지 육신의 번뇌와 망상과 모든 욕망을 떠나 영원한 평화의 경지인 열반을 얻고자 함이었다. 그래서 사람들에게 자기가 얻은 열반의 행복을 주기 위해서인 것이다. 싯다르타는 지독한 고행을 계속해 보았지만 자신의 목표를 이룰 수 없었다. 싯다르타는 6년 동안 긴 세월에 걸친 고행을 그만두기로 한다.

네란자라 강물로 육체의 더러움을 씻어내고 우루빈라 마을에 사는 수자타라[10]는 소녀가 주는 우유로 만든 죽을 마시며 건강을 회복하여갔다.

고행을 버리고 수자타 소녀에게 유미죽乳糜粥 공양供養을 받아 마시는 싯다르타의 모습을 보고 같은 숲속에서 6년 동안 함께 고행했던 5명의 수행자들은 싯다르타가 타락했다고 생각했다. 그리고 그들은 다른 곳으로 떠났다. 그들은 바라나시의 교외에 있는 녹야원鹿野苑으로 가버렸다.

싯다르타는 혼자 남아 차츰 건강을 회복하면서 조용한 나무 밑에 단정히 앉아 비장한 맹세를 했다. 싯다르타는 목숨을 걸고 최후의 사유思惟에 들어갔다.

피도 말라라. 살도 찢어져라. 뼈도 썩어라.

우주와 생명의 실상實相을 깨닫기 전에는 이 자리를 떠나지 않으리라. 싯다르타는 이렇게 결심하였다. 그리고 평

---

10) 강의 신에게 바칠 유미죽乳糜粥을 만들어 강가로 온 우루빈라 마을 촌장의 딸 수자타는 목욕을 마치고 휴식을 취하고 있던 싯다르타를 발견한다. 앙상하게 마른 몸을 하고 있으나 위엄이 넘치는 싯다르타를 발견한 수자타는 그가 석가족의 태자임을 알아차렸다. 출가하여 고행 중이라는 소문을 듣고 싯다르타 태자를 존경과 흠모를 해온 수자타는 신에게 바칠 정성껏 끓인 유미죽을 바치며 자신을 아내로 삼아 달라는 청을 하지만 거절당한다. 하지만 수자타가 올린 유미죽은 고행으로 쇠약해진 싯다르타가 기운을 회복하여 선정禪定을 통해 깨달음을 얻어 붓다가 되는 데 결정적인 큰 공헌을 한 공양이다.

온하고 가벼운 마음으로 다시 명상에 잠겼다. 격렬激烈하고 비교할 수 없을 정도로 자신과의 힘든 싸움이었다. 싯다르타의 마음에는 혼돈의 생각과 영혼을 덮은 어두운 그림자로 가득 채워졌다. 악마의 유혹으로 괴롭힘을 당하는 가운데 조용히 인내로 모든 유혹을 하나하나 살피며, 그 모든 번뇌를 끊어버렸다.

그것은 피가 마르고, 살이 찢어지며, 뼈가 부서지는 처절하고 힘든 싸움이었다.

이렇게 해서 7일이 되는 날이었다. 동이 틀 무렵 새벽의 동쪽 하늘에서 밝게 빛나며 떠오르는 별을 쳐다보았을 때 싯다르타의 마음은 그 별과 같이 밝게 빛나고 깨달음이 환히 열렸다.

마침내 싯다르타는 위 없는 완전한 깨달음을 얻게 된 것이다.

깨달은 사람이 된 것이다. 이 세상에서 일찍이 그 누구도 경험할 수 없는 으뜸가는 열반의 경지를 스스로 얻은 것이다. 이렇게 해서 인류의 스승 부처님이 나타나신 것이다.

그때 싯다르타의 나이는 35세였으며 12월 8일이다.

싯다르타는 마침내 깨달음을 얻은 붓다佛陀가 된 것이다.

이때부터 태자 "싯다르타는 완벽하게 깨달은 사람이라"하여 붓다[11]라고 불렀고, 어떤 이들은 석가족 출신의 성인이라는 뜻으로 석가모니釋迦牟尼, 또는 다른 이들은 세존世尊이라고 불렀다. 이 세상에서 으뜸가는 열반涅槃의 경지를[12] 스스로 깨달아 얻은 것이다.

진리를 깨달아 부처님이 된 싯다르타는 생로병사라는 인간 고통을 보고 그것을 해결하고자 사랑하는 처자와 왕자의 지위도 버렸던 것이다. 이제 최상의 깨달음을 얻게 되자 자신의 문제는 완전히 해결된 것이다. 그러나 자기가 깨달은 진리를 세상 사람들에게 널리 전해 깨달음의 기쁨을 함께 나누는 문제가 남았다.

---

11) 무상정등각無上正等覺. 아뇩다라삼먁삼보리阿耨多羅三藐三菩提.
12) 니르바나 nibbana. 열반을 음역. 입적入寂, 입멸入滅, 원적圓寂으로 한역됨. 원시불교에서는 탐욕, 진애, 우치의 삼독三毒인 번뇌의 불을 불어서 끄고 번뇌를 없애는 것이라 설명함. 또 지혜의 완성된 경지. 여기에 유여열반有餘涅槃과 무여열반無餘涅槃의 두 종류가 있다. 유여열반은 마음의 속박에서 벗어나 있으나 신체를 갖고 있는 상태. 무여열반은 신체의 죽음에 의해 심신이 속박을 벗어난 상태. 초기 불교에서는 이러한 구별을 세우지 않았으나 어느 시기 이후 이 두 종류를 구별 상정하게 되었다. 평온해짐, 영원한 평안, 모든 미혹에서 벗어난 경지, 절대의 정적, 미혹에서 벗어난 이상의 경지, 미혹이 완전히 사라진 상태, 궁극의 깨달음, 깨달음의 세계, 윤회에 대가 된다.

금강경

『금강반야바라밀다경 金剛般若波羅蜜多經』

凡所有相 皆是虛妄 若見[13] 諸相非相 卽見如來
범소유상 개시허망 약견 제상비상 즉견여래

무릇 있는바 모양은 다 허망하니 만약 모든 모양이 모
양 아님을 보면 곧 여래를 볼 것이다.

如來常設 汝等比丘 知我說法如 筏喩者 法尙應捨
何況非法
여래상설 여등비구 지아설법여 벌유자 법상응사
하황비법

---

13) 견見은 '보다'의 뜻으로 '알다'의 뜻도 함께 있다. 지견知見의 준말로 바른 인식, 관조
觀照하는 작용, 견해見解, 사상思想, 사고방식思考方式, 의견意見, 생각, 출리出離와 원리遠離와
의 선법善法에 의한 법에 있어서 의 간택揀擇, 극간택極揀擇, 통달通達, 심찰審察, 총예聰叡, 각
覺과 명明과 혜慧를 행하는 비발사나毘鉢舍那가 있는 이것을 견이라고 함.

여래가 늘 설하되, 너희 비구 등은 나의 설법이 배의 비유와 같은 것을 알라. 법도 오히려 응당 버릴 것이거늘, 하물며 비법이랴.

是故須菩提諸菩薩摩訶薩 應如是生淸淨心 不應
住色生心 不應住聲
시고수보리제보살마하살 응여시생청정심 불응
주색생심 불응주성
香味觸法生心 應無所住而生其心
향미촉법생심 응무소주이생기심

이런 고로 수보리야, 제보살마하살은 응당 이와 같은 청정한 마음을 내되 응당 색에 머물지 않고 마음을 내며, 응당 소리 향기 맛 감촉 법으로 머물지 않고 마음을 낼 것이며, 응당 머무는 바 없는 그 마음을 낼지니라.

須菩提譬如有人身如須彌山王 於意云何是身爲大

不 須菩提言 甚大

수보리비여유인신여수미산왕 어의운하시신위대

불 수보리언 심대

世尊何以故 佛說非身是名大身

세존하이고 불설비신시명대신

수보리야, 비유컨대 어떤 사람의 몸이 수미산왕과 같다면 어떻게 생각하느냐? 이 몸이 크느냐? 아니냐? 수보리가 말하되, 심히 크겠습니다. 세존이시여, 그 까닭은 부처님께서는 몸이 아닌 이 이름이 큰 몸이라고 설하셨습니다.

菩薩應離一切相 發阿耨多羅三藐三菩提心 不應

住色生心 不應住聲

보살응리일체상 발아뇩다라삼먁삼보리심 불응

주색생심 불응주성

香味觸法生心 應生無所住心 若心有住 即爲非住

향미촉법생심 응생무소주심 약심유주 즉위비주

보살은 응당 일체의 모양을 여이어야 아뇩다라삼먁삼
보리심을 발하니, 응당 색으로 머물지 않고 마음을 내어 응
당 소리 향기 맛 감촉 법으로 머물지 않고, 마음을 내어 응
당 머무는 바 없는 마음을 내어야 한다. 만약 마음이 머묾
이 있으면 곧 머묾이 될 수가 없다.

　　須菩提實無有法 如來得阿耨多羅三藐三提 須菩

　　提若有法如來得阿耨

　　수보리실무유법 여래득아뇩다라삼먁삼보리 수

　　보리약유법여래득아뇩

　　多羅三藐三菩提者 燃燈佛[14] 即不與我授記 汝於

　　來世 當得作佛

　　다라삼먁삼보리자 연등불　즉불여아수기 여어

　　내세 당득자불

14)　연등불燃燈佛은 과거세過去世에 출현하여 석존에게 미래에 성불成佛할 것이라고 예언
한 부처님. 석존 이전에 나타났다고 전설적으로 전해지는 24명의 부처님 중 한 사람으
로 알려진 부처님. 정광여래錠光如來라고 함. 석존께서 전생에 수행할 때 이 부처님을 만
나 일곱 송이 연꽃을 올리고 또 머리털을 풀어 진흙탕 길을 이 부처님께서 밟고 지나가
게 함으로써, 미래에 성불할 것이라고 예언을 받았다 한다.

號釋迦牟尼 以實無有法 得阿耨多羅三藐三菩提
是故燃燈佛

호석가모니 이실무유법 득아뇩다라삼먁삼보리
시고연등불

與我授記作是言 汝於來世 當得作佛 號釋迦牟尼
何以故

여아수기작시언 여어내세 당득작불 호석가모니
하이고

如來者即諸 法如義

여래자즉제 법여의

　　수보리야, 실로 법이 있어서 여래가 아뇩다라삼먁삼보
리를 얻은 것이 아니라. 수보리야, 만약 법이 있어서 여래가
아뇩다라삼먁삼보리 얻었다 하여도 연등불께서 곧 나에게
수기를 주시되, 네가 내세에 마땅히 부처됨을 얻어서 이름
을 석가모니라고 하지 않았을 것이다. 왜냐하면, 진실로 위
없는 바른 깨달음을 얻는 법이 없으므로 이런 까닭에 연등
불이 나에게 수기를 주면서 너는 미래에 마땅히 부처가 되
어 석가모니라고 이름을 얻을 것이다. 라고 말씀하신 것이
다. 왜냐하면, 여래란 곧 모든 존재의 참된 모습을 뜻하기
때문이다.

如來說諸心 皆爲非心 是名爲心 所以者何 須菩提

過去心不可得

여래설제심 개위비심 시명위심 소이자하 수보리

과거심불가득

現在心不可得 未來心不可得

현재심불가득 미래심불가득

여래께서 모든 마음이란 모두가 마음 아닌 것을 설함이며, 그 표현이 마음이라고 하기 때문이다. 왜냐하면, 수보리야, 과거의 마음도 얻을 수 없고, 현재의 마음도 얻을 수 없고, 미래의 마음도 얻을 수 없기 때문이니라.

若人言如來有所說法 卽爲謗佛 不能解我所說故

須菩提說法者 無法

약인언여래유소설법 즉위방불 불능해아소설고

수보리설법자 무법

可說是名說法

가설시명설법

어떤 사람이 여래께서 설하신 법이 있다고 한다면 이는 곧 부처를 비방하는 것이며, 내가 말한 참된 뜻을 이해하지 못한 것이다.

수보리야, 법을 설한다는 것은 설할 수 있는 법이 없으며, 그 표현이 법을 설한다는 것이다.

若以色見我 以音聲救亞 是人行邪道 不能見如來[15]
약이색견아 이음성구아 시인행사도 불능견여래

만약 형색으로 나를 보려 하거나 음성으로 나를 찾으면, 이 사람은 잘못된 길을 가는 것이니 여래를 볼 수 없느니라.

---

15) 범본 및 다른 한역에서는 또 하나의 게송이 있는데 그중 하나를 소개한다. "유법응견불由法應見佛(법으로써 마땅히 부처를 보라). 조어법위신調御法爲身(조어사는 법으로 몸을 삼느니라). 차법비식경此法非識境(이 법은 대상으로 알 수 없다). 법여심난견法如深難見(법은 매우 깊어 보기 어려우니라)."

須菩提汝若作是念 如來佛以具足相故 得阿耨多
羅三藐三菩提須菩提

수보리여약작시념 여래불이구족상고 득아뇩다
라삼먁삼보리수보리

莫作是念 如來佛以具足相故 得阿耨多羅三藐三
菩提 須菩提汝若作

막작시념 여래불이구족상고 득아뇩다라삼먁삼
보리 수보리여약작

是念 發阿耨多羅三藐三菩提心者 說諸法斷滅相
莫作是念 何以故

시념 발아뇩다라삼먁삼보리심자 설제법단멸상
막작시념 하이고

發阿耨多羅三藐三菩提心者 於法 不說斷滅相
발아뇩다라삼먁삼보리심자 어법 불설단멸상

수보리야, 네가 만약 여래께서 훌륭한 모습을 구족하여
위 없는 바른 깨달음을 얻은 것이라고 생각한다면 그런 생
각을 하지 말라. 수보리야, 여래께서는 훌륭한 모습을 갖추
어서 위 없는 바른 깨달음을 얻은 것이 아니다. 수보리야,
네가 만약 위 없는 바른 깨달음의 마음을 일으킨 사람은 모
든 존재의 법이 소멸해 없어진 모습을 설명한다고 생각하

면 그런 생각을 하지 말라. 왜냐하면, 위 없는 바른 깨달음
에 마음을 낸 사람은 법에 대하여 소멸해 없어진 모습을 말
하지 않기 때문이다.

須菩提若有人言 如來若來若去若坐若臥 是人不
解我所說義 何以故
수보리약유인언 여래약래약거약좌약와 시인불
해아소설의 하이고
如來者 無所從來亦無所去 故名如來
여래자 무소종래역무소거 고명여래

수보리야, 만약 어떤 사람이 여래가 오기도 하고 가기
도 하고 앉기도 하고 눕기도 한다고 말하는 사람이 있다면
이 사람은 내가 말한 뜻을 알지 못한 것이다. 왜냐하면, 여
래란 어디로부터 오고 감이 없기 때문이다. 이런 까닭에 여
래라고 이름하느니라.

世尊如來所說三千大千世界 即非世界 是名世界
何以故 若世界實有
세존여래소설삼천대천세계 즉비세계 시명세계
하이고 약세계실유
者即是一合相 如來說一合相 即非一合相 是名一
合相 須菩提一合相
자즉시일합상 여래설일합상 즉비일합상 시명일
합상 수보리일합상
者即是不可說 但凡夫之人 貪著其事
자즉시불가설 단범부지인 탐착기사

세존이시여, 여래께서 설 하신바 삼천대천세계가 곧 세
계가 아닌 이 이름이 세계입니다. 무슨 까닭인가 하면 만약
세계가 실로 있는 것이라면 곧 이 일 합상이거니와, 여래께
서 설하신 일 합상이 곧 일 합상이 아닌 이름이 일 합상입
니다. 수보리야, 일 합상이란 것은 곧 불가설 이건만 다만
범부의 사람들이 그 일을 탐착하느니라.

一切有爲法 如夢幻泡影 如露亦如電 應作如是觀
일체유위법 여몽환포영 여로역여전 응작여시관

인연화합으로 이루어진 모든 것은 꿈, 환, 물거품, 그림자 같고, 이슬 같고, 또한 번갯불 같으니 응당 이와 같이 살펴보아야 한다.

일체의 유위법의 작은 범위로는 개개인의 색·성·향·미·촉·법을 이해하여야 합니다.

색色: 눈으로 보는 모든 것은 꿈, 환영, 거품, 그림자, 이슬, 번개와 같다고 관하여야 합니다.
성聲: 귀로 듣는 모든 것은 꿈, 환영, 거품, 그림자, 이슬, 번개와 같다고 관하여야 합니다.
향香: 코로 냄새 맡는 모든 것은 꿈, 환영, 거품, 그림자, 이슬, 번개와 같다고 관하여야 합니다.
미味: 혀로 맛보는 모든 것은 꿈, 환영, 거품, 그림자, 이슬, 번개와 같다고 관하여야 합니다.
촉觸: 몸으로 감촉하는 모든 것은 꿈, 환영, 거품, 그림자, 이슬, 번개와 같다고 관하여야 합니다.

법法: 마음속에 떠오르는 모든 것은 꿈, 환영, 거품, 그 림자, 이슬, 번개와 같다고 관하여야 합니다.

◆ 『금강반야바라밀경金剛般若波羅密經』은 초월적 지혜인 반야 이며, 완성의 뜻으로 열반의 세계에 이르는 것을 뜻한다.

◆ 금강金剛은 다이아몬드로 반야를 설명함이며 반야가 곧 불성을 가리킨다.

◆ 반야般若는 초월적 지혜로 태양의 광명과 같은 참된 지혜 이다. 온갖 집착을 떨쳐 버린 영혼의 지혜 빛이 반야다.

◆ 바라밀波羅蜜은 번뇌와 고통스런 이 언덕에서 절대 자유 와 평화로운 세계인 저 언덕으로 건너간다는 의미로 도피 안到彼岸이라 한다.

◆ 경經은 부처님의 말씀을 기록한 것이다.

◆ 『금강경』은 공사상空思想의 기초가 된 반야 경전으로 2세 기 인도 사위국을 배경으로 한 부처님의 제자 수보리를 위 한 말씀으로, 집착하는 마음을 내지 말고, 머무르지 않는 마 음을 일으키고, 모양으로 부처를 보지 말고 진리로서 존경 하며, 모든 모습은 모양이 없으며 이렇게 본다면 진리인 여 래如來를 본다고 하였다.

인도에서 무착無着과 세친世親의 주석서가 있고 중국에서도 구마라습鳩摩羅什의 번역서가 있다. 금강경은 산스크리트 원본도 현존하며 한역 6가지 외에도 서장역西藏譯, 영어, 독일어, 프랑스어 등으로 번역되어 서양에서도 오래전부터 널리 알려진 경전으로 대승불교의 핵심 사상으로 자리를 잡았다. 『金剛般若波羅蜜多經』

❖ 이 경전의 요지는 모든 존재는 고정된 실체가 없어 공空하므로, 이 상相에 대한 집착을 버릴 때 비로소 세상의 모든 모습을 보게 되고, 고통에서 벗어나 자유로운 삶을 살 수 있다는 가르침이다.

화엄경

『대방광불화엄경 大方廣佛華嚴經』

법문의 이사理事가[16] 다름을 밝힌다는 것은 화불化佛의 권교權敎 중엔 유정有情은 불성이 있고 무정無情은 불성이 없어서 일체의 초목은 능히 도를 이루어 법륜을 굴리지 못한다고 설하였다. 저 『화엄경』은 곧 정실교情實敎를 초월하였으므로 저 화불권종化佛權宗의 범부를 잡아 화도化度한[17] 교와 같지 않다.

저 공덕림보살功德臨菩薩 등의 좇아온 바 국토는 국토도 또한 이름이 혜이며 일체의 경계도 다 이름이 혜체慧體다. 무슨 까닭으로 그러한 것인가 하면, 유정도 없고 무정도 없는 연고이다. 그러한 것은 이견二見이 연고이다. 일진一眞의 지경계智境界엔 성불하는 자도 없으며 성불하지 않는 자도 없는

---

16) 이理는 보편적인 진리. 사事는 차별적 현상.
17) 화도化度는 중생을 인도하고 구원하는 것.

연고이다. 유정이니 무정이니 하는 것은 이는 이 업業에 의해 설함이다. 성불을 논하는 것은 업에 속하지 아니한다.

만약 업에 속하지 아니한 것인데 곧 유정이 아니며 무정도 아닌 연유로 어찌 정식情識을[18] 초출한 법 위에 계교하여 말하되, 성불한다거나 성불하지 못한다고 할 수 있겠는가? 저는 유정이며 이는 무정이라는 것은 이 업業에 거두어진 것이며 불해탈佛解脫이 아닌 연고니 어찌 자기 정업情業의 계교를 가져 이와 같이 정情과 비정非情, 성成과 불성不成이라고 복량卜量하리까.

『화엄경』에서 설한 바 이 제법諸法의 공상空相은 생도 아니고 멸도 아니며 더러움도 깨끗함도 아니라 하여 세간상世間相으로 상주常住하면서 모든 법이 법위法位에 머문다 하였으니 이와 같은 도가 유정 및 비정이 되겠는가?
이 같은 『화엄경』 중에 대의는 본디 범부와 성인, 정과 비정이 없나니 전진全眞의 법체로 일불지경계一佛智境界를 삼으므로 다른 일이 없거늘 범부와 정량情量을[19] 가지고 망녕

---

18) 정식情識은 범부凡夫의 미혹한 마음의 견해를 말함.
19) 정량情量의 마음을 가지고 사량 분별에 의한 추측. 범부의 망념 분별.

되이 짐량斟量[20]을 짓지 말 것이다.

만약 정계情計를 두는 자는 유정은 성불함으로 보고 무정은 성불하지 못함으로 보겠지만 이는 자신의 업집業執이기 때문에 이와 같이 아는 자는 성불하지 못하느니라.

이성理性이 비정非情에 두루한 것이 유정의 성불과 같지 않다고 말하는 자는 이는 법공法空을 보지 못하고 실혜實慧에 의하지 않았기 때문에 세간의 모든 모양이 본래 상주함을 요득치 못하고 다만 정식情識을 따라 변하는 모양을 보고서 망녕되이 짐작하여 말하되, 비정은 다만 그 이理만 두루함이 있다고 한다. 다만 저 성불이 어찌 이理 외에 따로 불佛이 있으리요. 만약 이理가 곧 이 불佛일진댄 이 이理 중엔 정과 비정이 본래 다른 모양이 없거늘 망견妄見을 좇아 정과 비정을 세우리요.

만약 불이 이 비정일진대 응당 성불함을 얻지 못할 것이며 만약 대보리大菩提를 이룸이 있는 자라면 이 이견二見에 의하지 아니할 것이다.

<hr>

20) 미리 마음대로 짐작하여 사량 분별하는 것.

이런 연고로 『법화경』에 권權을 회통하여 일실─實로 돌아가게 하니 경에 이르되 갖가지 성상의性相義를 나와 시방불十方佛이라야 능히 이 일을 알고 성문聲聞, 벽지불辟支佛 불퇴의 모든 보살이 이와 같은 삼승권학三乘權學은 모두 다 능히 못한다 하니 널리 피경彼經과 같느니라. 저 『화엄경』에 유정과 비정이 있고 없고 다 지지智智 경계가 된다 하니 일체의 산하수목山河樹木이다.

불보살의 몸과 설법을 현시하여 불佛로 더불어 체가 같아서 능히 같기도 하고 능히 다르기도 하여 자재무애自在無碍 하느니라.

불佛이 세계 가운데에 주지하사 자재 장엄한 경계의 차수差殊를 안립安立하여 장엄이 각기 다르거니와, 그 묘찰국토 장엄한 낱낱 경계 가운데의 가는 티끌의 안에 불신佛身이 출현하사 찰해刹海가 중중하여 불신도 무진하여 불신의 모공毛孔도 또한 이와 같으며, 경계가 중중하여 불신도 무진하여 서로서로 사무쳐 들어가서 능히 같기도 하고 능히 다르기도 하여 온통 같기도 하고 온통 다르기도 하여, 정예淨穢의 국토가 무장무애無障無礙할 새 이 같은 정과 비정을 논하지 않는지라 이런 연고로 이제 시설한바 교문의 다름을 말함이니라.

(卷第六第三明教義差別文中)

夫智身寥廓 總萬象以成軀 萬象無形 與智身而齊體
違眞相隔 得本
부지신요확 총만상이성구 만상무형 여지신이제구
위진상격 득본
形同只爲乘本相殊 致使化儀各別
형동지위승본상수 치사화의각별

무릇 지신智身은 요확 한지라 만상을 총합하여 소이로
몸을 이루고 만상은 형체가 없는지라 지신으로 더불어 체
가 가지런하다. 진眞을 어기매 상相이 막히고 본本을 얻으므
로 형체가 같건마는 단지 본을 어겨 상이 달라져서 화의化儀
가[21] 각기 다르게 된다.

(卷第六第四明成佛同別文中)

如來本法智體 並無時分可立 但使令心 信解法界
無時 卽是如來說法
여래본법지체 병무시분가립 단사령심 신해법계
무시 즉시여래설법

---

21) 교화의 방법. 화도化導의 의식이라는 뜻. 부처님이 중생을 교화 지도하는데 사용하
는 설법의 형식.

時也情亡心盡 任智利人 即是如來成佛轉法輪時
也 若也情存立見 云

시야정망심진 임지이인 즉시여래성불전법륜시
야 약야정존입견 운

如來如是時出世如是時說法者 並不依佛見 總是
自情 如此華嚴經敎

여래여시시출세여시시설법자 병불의불견 총시
자정 여차화엄경교

門 即是無始無終爲門 不可遂情强立時分

문 즉시무시무종위문 불가수정강립시분

　여래의 본법지체本法智體는 모두 시분을 가히 세움이 없
고 다만 마음으로 하여 법계의 시時 없음을 신해信解케 함이
곧 이 여래의 설법하시는 때이며 정이 망하고 마음이 다하
여 지에 맡겨 사람을 이익케 함이 곧 이 여래가 성불하여
법륜을 굴리는 때이다.

　만약 정情을 두고 견見을 세워 여래께서 이와 같은 때
출세간하였다 하면, 이와 같은 때 설법하셨다고 하는 자는
부처님의 지견에 의함이 아니며 모두가 자기의 정情이니라.
이 같은 화엄경 교문은 곧 시작이 없고 마침도 없으므로 문

을 삼나니 가히 정을 따라 억지로 시분時分을 세우지 말라.

(卷第七第六明說敎時分文中)

夫佛境無邊順機各異 隨情廣狹見有差殊 非是如
來分其量數 情微卽
부불경무변순기각이 수정광협견유차수 비시여
래분기량수 정미즉
境狹量廣卽境覺 若也智契眞源 佛境彌論法界
경협양광즉경각 약야지계진원 불경미론법계

무릇 불경계가 무변하여 근기에 수순隨順함이 각기 다
르니 정情의 광협廣狹을 따라서 지견智見이 차수差殊가 있음
이지, 이 여래가 양수量數를 나눔이 아니다. 정情이 미약하
면 곧 경계로 협열狹劣하고 양이 광대하면 즉 경계도 넓어진
다. 만약 지혜가 진원에 계합한다면 불경계가 법계에 미륜
彌綸[22] 한다.

(卷第七第八明攝化境界文中)

---

22) 널리 골고루 미치는 것.

前佛後佛 古今如是 總在一時 隨諸衆生 現差別法
古今相徹 名之爲
전불후불 고금여시 총재일시 수제중생 현차별법
고금상철 명지위

始契法如是 明之爲成 依法如是 非心造作 名之爲
正 智達斯理 名之爲覺
시계법여시 명지위성 의법여시 비심조작 명지위
정 지달사리 명지위각

전불 후불이 고금이 이와 같아서 다 일시에 있으되 모든 중생을 차별법을 나타내시니, 어제와 오늘이 서로 사무침을 이름하여 시始라 하며, 법의 이와 같음에 계합을 이름하여 성成이라 하며, 법의 이와 같음에 의함이요. 마음의 조작이 아님을 이름하여 정正이라 하며 지智가 이 이치를 통달함을 이름하여 각覺이라 한다.

(卷第七第十明會教始終文中)

大者無方義方者 法則義 廣者 理智徧周義 佛者 智
體無依住義 智自
대자무방의방자 법칙의 광자 이지변주의 불자 지
체무의주의 지자
在義華者 徧法界無盡行義 以行能開敷自他果故
華是感果義開敷義
재의화자 변법계무진행의 이행능개부자타과고
화시감과의개부의
嚴是莊節義 明初發心住位 以十信中有作行華 開
敷十住位中妙理智
엄시장절의 명초발심주의 이십신중유작행화 개
부십주위중묘리지
慧 果故復生無作十種行華 常以法行互嚴 用淨自
利利他之道故 行爲
혜 과고부생무작십종행화 상이법행호엄 용정자
리이타지도고 행위
嚴飾義
엄식의

대大란 것은 무방無方의 뜻이요, 방方이란 것은 법칙의

뜻이요, 광광廣이란 것은 이지변주理智偏周[23]의 뜻이요, 불佛이란 것은 지체智體가 의주依住 없는 뜻이며 지智가 자재한 뜻이요, 화華란 것은 법계에 두루한 무진행無盡行의 뜻이며, 행으로써 능히 자타의 과果를 개부開敷하는 것으로 화華는 이 감과感果의 뜻이며 개부開敷의 뜻이요, 엄嚴은 이 장식의 뜻이니 초발심주위初發心住位에 십신十信 중의 유작의 행화로써 십주위十住位중의 묘리지혜과妙理智慧果를 개부하는 연고며, 다시 무작의 십종행화十種行華를 내어 항상 법과 행으로서 서로 엄식嚴飾하여[24] 자리이타自利利他의 도를 깨끗이 함을 쓰는 연유로 행이 엄식嚴飾의 뜻이 됨을 밝힌다.

(卷第九世主妙嚴品)

始成正覺者 古今情盡 名之爲始 心無所依 名之爲
正 理智相應 名之
시성정각자 고금정진 명지위시 심무소의 명지위
정 이지상응 명지

---

23) 도리와 지혜가 널리 두루 함. 무루지無漏智.
24) 장식. 꾸미는 것.

爲覺得如是法 名之爲成 又自覺覺他 名之爲覺
위각득여시법 명지위성 우자각각타 명지위각

시성정각始成正覺이란 것은 고금의 정이 다함을 이름하여 시始라하고, 마음이 의지하는 바 없음을 이름하여 정正이라 하고, 이지理智가 서로 응함을 이름하여 각覺이라 하고, 이와 같은 법 얻음을 이름하여 성成이라 하며, 또 자각각타自覺覺他를 이름하여 각이라고 한다.

(卷第九世主妙嚴品)

佛身充滿於法界 普現一切衆生前 隨緣赴感靡不
同 而恒處此菩堤座
불신충만어법계 보현일체중생전 수연부감미부
동 이항처차보리좌

불신이 법계에 충만하사 널리 일체의 중생 앞에 나타나시는 것은 연을 따라 부감赴感하여 두루 하지 않음 없으시되 항상 이 보리좌에 처하신다.

(卷第十九如來現相品)

佛隨衆生心 普現於其前 衆生所見者 皆是佛神力
불수중생심 보현어기전 중생소견자 개시불신력

불佛이 중생심을 따라 널리 그 앞에 나타나시니 중생이
보는 바의 것은 다 이 불의 신력이다.

(卷第十九如來現相品)

佛身無有生 而能示出生 法性如虛空 諸佛於中住
불신무유생 이능시출생 법성여허공 제불어중주

불신은 생이 있음 없으시고 능히 출생함을 보이시다.
법성이 허공과 같나니 제불이 그 가운데 머무신다.

(卷第十九如來現相品)

無住亦無去 處處皆見佛 光明靡不周 名稱悉遠聞
無體無住處 亦無
무주역무거 처처개견불 광명미부주 명칭실원문
무체무주처 역무

生可得無相亦無形 所現皆如影
생가득무상역무형 소현개여영

머묾도 없고 또한 감도 없으니 처처에서 다 불佛을 보니 광명이 두루하지 않음이 없으며 이름이 다 멀리 들리셨다. 체도 없고 머무는 곳도 없으며 모양도 없고 또한 형체도 없는지라 보이는 바가 다 그림자 같다.

(卷第十九如來現相品)

能於一念頃 普現諸神變 道場成正覺 及轉妙法輪
一切廣大刹 億劫
능어일념경 보현제신변 도량성정각 급전묘법륜
일체광대찰 억겁
不思議 菩薩三昧中 一念皆能現
부사의 보살삼매중 일념개능현

능히 일념 동안에 널리 모든 신변을 시현示現하사 도량에서 정각을 이루고 묘법륜을 굴리시도다. 일체의 광 대찰은 억겁에도 사의치 못하거늘 보살이 삼매 가운데에 일념에 다 능히 시현하시다.

(卷第十九如來現相品)

有刹寶焰成 焰雲復其上 衆寶光殊妙 皆由業所得

유찰보염성 염운복기상 중보광수묘 개유업소득

어떤 국토는 보염寶焰으로 이루어졌으며 염운焰雲이[25] 그 위를 덮었다. 온갖 보배 광명이 특수히 묘하거니와 다 업을 말미암아 얻는다.

(卷第二十世界成就品)

所修行方便願力故 出生諸世界海莊嚴 故業清淨
故 莊嚴清淨業垢濁

소수행방편원력고 출생제세계해장엄 고업청정
고 장엄청정업구탁

故 莊嚴垢濁

고 장엄구탁

수행하는바 방편의 원력인 고로 모든 세계해 장엄을 출생하나니 고로 업이 청정한 고로 장엄도 청정하고 업이 구

---

25) 보배의 불꽃과 불꽃 같은 구름.

탁垢濁 한 연유로 장엄도 구탁하니라.

(卷第二十世界成就品)

諸佛種種方便門 出興一切諸刹海 皆隨衆生心所樂
此是如來善權力
제불종종방편문 출흥일체제찰해 개수중생심소락
차시여래선권력
諸佛法身不思議 無色無形無影像 能爲衆生現衆相
隨其心樂悉令見
제불법신부사의 무색무형무영상 능위중생현중상
수기심락실령견

모든 부처님이 갖가지 방편 문으로 일체 찰해刹海에 출
흥出興하시되, 다 중생의 마음에 즐기는 바를 따른다. 이것
이 이 여래의 선권력善權力 이시다. 모든 부처님의 법신은 사
의思議치 못함에 색도 형체도 그림자도 없으시되 능히 중생
을 위해 뭇 모양을 시현 하시고 그 심락心樂을 따라 다 보게
하신다.

(卷第二十世界成就品)

諸世界諸佛出現差別 依衆生業行壽命脩短
佛出現不同
제세계제불출현차별 의중생업행수명수단
불출현부동

　모든 세계에 모든 부처님이 출현하시는 것이 차별인 것
은 중생의 업행과 수명의 길고 짧음에 의하여 부처님의 출
현이 같지 않다.

　　(卷第二十世界成就品)

始後一念終成劫 悉依衆生心想生 一切刹海劫無邊
以一方便皆清淨
시후일념종성겁 실의중생심상생 일체찰해겁무변
이일방편개청정

　처음 일념으로 좇아 마침내 겁을 이룸이 다 중생의 심
상心想에 의해 생하는 지라 일체찰해一切刹海의 겁이 무변하
나 한 방편으로써 다 청정케 한다.

　　(卷第二十世界成就品)

心外見法 不成信心也
심외견법 불성신심야

마음 밖에 법을 보면 신심信心을 성취하지 못한다.

(卷第二十五佛名號品)

佛心衆生心自心 總爲一心一性一法界一智慧
始成信
불심중생심자심 총위일심일성일법계일지혜
시성신

불심 중생심 자심이 모두 일심 일성 일 법계 일 지혜가
되어야 비로소 신信을 성취한다.

(卷第二十六佛名號品)

若有見正覺 解脫離諸漏 不着一切世 彼非證道眼
약유견정각 해탈이제누 불착일체세 피비증도안

만약 정각이 해탈하여 모든 누漏(번뇌)를 여의고 일체의
세간에 집착하지 않는 줄로 봄이 있으면 그것은 증도안證道
眼이[26] 아니다.

(卷第二十七光明覺品)

了知差別法 不着於言說 無有一與多 是名隨佛敎
多中無一性 一亦
요지차별법 불착어언설 무유일여다 시명수불교
다중무일성 일역

無有多如是二俱捨 普入佛功德 衆生及國土 一切
皆寂滅 無依無分別
무유다여시이구사 보입불공덕 중생급국토 일체
개적멸 무의무분별

能入佛普提衆生及國土 一異不可得 如是善觀察
名知佛法義
능입불보리중생급국토 일리불가득 여시선관찰
명지불법의

___

26) 깨달음의 눈. 진리를 체득한 혜안. 제불이 깨달은 진실의 이理의 눈.

차별법을 요지하여 언설에 집착하지 아니하여 일―과 다多가 있음이 없으면 이 이름이 불교를 수순隨順 함이다. 다중에 일의 성품이 없고 일에 또한 다 가 있음 없나니 이 같은 둘을 모두 버리면 널리 불공덕에 들어 가나라. 중생 및 국토가 일체 모두가 적멸하여 의지함도 없고 분별함도 없어야 능히 불보리佛菩提에 들어 가나라. 중생 및 국토가 일과 이를 가히 얻지 못하니 이와 같이 잘 관찰하면 이름이 불법의 뜻인 것이다.

(卷第二十七光明覺品)

信爲道元功德母 長養一切諸善法 斷除疑綱出愛流
開示涅槃無上道
신위도원공덕모 장양일체제선법 단제의강출애류
개시열반무상도

신信은 도의 근원이며 공덕의 어머니가 되므로 일체 모든 선법善法을 장양長養하여 의심의 그물을 끊어 제하고 애류愛流에서 벗어나게 하며 열반의 위 없는 도를 열어 보이는 것이다.

(卷第二十九賢首品)

以三昧力 正入定時 身心蕩然 稱法界性無表裏光
明朗徹 是忽然廣博
이삼매력 정입정시 신심탕연 칭법계성무표리광
명랑철 시홀연광박

義亦是普光明藏師子之座義 智慧現前 是佛來義
一一如是會理修行
의역시보광명장사자지좌의 지혜현전 시불래의
일일여시회리수행

不可但遂名言也
불가단수명언야

　삼매력으로써 정히 입정할 때 신심身心이 이 탕연하여
법계의 성에 칭합해 표리가 없나니 광명이 낭철함에 이 홀
연광박忽然廣博의 뜻이며 또한 이 보광명장사자좌普光明藏師子
座의 뜻이다. 지혜가 현전함이 이 부처님 오심의 뜻이다. 하
나 하나 이와 같이 이치를 알고서 수행할 것이요, 가히 다
만 명언만 쫓지는 말라.

　　(卷第三十一昇須彌山頂品)

一迷一切迷 一悟一切悟

일미일체미 일오일체오

하나를 미迷하면 일체를 미함이요,

하나를 깨달으면 일체를 깨달음이라.

(卷第三十一須彌頂上偈讚品)

無見卽是見 能見一切法 於法若有見 此則無所見

무견즉시견 능견일체법 어법약유견 차칙무소견

봄이 없어야 곧 이 봄이라서 능히 일체법을 보려니와

법에 만약 봄이 있으면 이는 곧 보는 바가 없도다.

(卷第三十二須彌頂上偈讚品)

如龍女刹那成佛 善財一生以取佛果 法界無性無

生爲一生 非延促生

여용녀찰나성불 선재일생이취불과 법계무성무

생위일생 비연촉생

故爲法界體無情量延促 長短去來今故 諸有信者
應如是知 如今成佛

고위법계체무정량연촉 장단거래금고 제유신자
응여시지 여금성불

與過去未來一切諸佛 一時成佛 以法界智體無別
時故 如一滴之水入

여과거미래일체제불 일시성불 이법계지체무별
시고 여일적지수입

大海中便同大海 無新舊水故 故去情方見
非識心知

대해중편동대해 무신구수고 고거정방견
비식심지

저 용녀의 찰나 성불과 선재가 일생에 써 불과를 취함
은 법계의 무성무생無性無生이 일생이 됨이요, 연촉延促 장단
長短 거래금去來今(과거 현재 미래)이 없기 때문인 연유로 모든
믿음이 있는 자는 응당 이와 같이 알라. 여금如今(지금)의 성
불이 과거 미래의 일체 모든 부처님으로 더불어 일시에 성
불하나니 법계의 지체智體가 별시가 없기 때문이며 한 방울
의 물이 대해 가운데로 들어감은 문득 대해와 같아져서 신
구新舊의 물이 없음과 같다. 고로 정情을 버려야 바야흐로 볼

것이요 식심識心으로 알 것이 아니니라.

(卷第三十二十住品)

名初發心功德品者 創始發心 見無古今 名之爲初
無心智應 名之爲

명초발심공덕품자 창시발심 견무고금 명지위초
무심지응 명지위

發身邊見盡 名之爲心 不爲而成大果 名之爲功
但化利一切 不欣來

발신변견진 명지위심 불위이성대과 명지위공
단화이일체 불흔래

報 自獲無邊妙相莊嚴 故名之爲德 又福智徧周
名之爲功 事無不達

보 자획무변묘상장엄 고명지위덕 우복지편주
명지위공 사무부달

名之爲德 品者均分教義

명지위덕 품자균분교의

이름이 초발심공덕품이란 것은 처음 비로소 발심하여
고금이 없음을 봄을 이름하여 초初라하고 무심지無心智로 응

함을 이름하여 발發이라 하고 신변身邊의 견見이 없어짐을
이름하여 심心이라 하고 함이 없이 대과大果를 이룸을 이름
하여 공功이라 하고 다만 일체를 교화하여 이익케 하되, 내
보來報를 흔구欣求치 않아도 저절로 무변한 묘상장엄妙相莊嚴
을²⁷⁾ 얻을 연고로 이름하여 덕德이라 한다. 또 복지福智가 변
주徧周함을 이름하여 공功이라 하고 사事를 통달하지 않음
없음을 이름하여 덕이라 한다. 품品이란 것은 교敎를 나눈
것이다.

(卷第三十四初發心功德品)

萬法自淨 名之爲精 無功智應 知根利生 名之爲進
만법자정 명지위정 무공지응 지근이생 명지위진

만법이 스스로 청정함을 이름하여 정精이라 하고 무공
無功의 지智로 응하여 근기를 알아 중생을 이롭게 함을 이름
하여 진進이라 한다.

(卷第三十五明法品)

---

27) 뛰어난 특상特相이나 상호를 건립하는 것. 불佛의 32상을 아름답게 장식하거나 엄
숙하게 장식된 모양.

一切諸佛 以一切衆生心智慧而成正覺 一切衆生

迷諸佛智慧而作衆

일체제불 이일체중생심지혜이성정각 일체중생

미제불지혜이작중

生及至成佛時 還成衆生迷理之佛 所說法門 還解

衆生心裏迷佛衆生

생급지성불시 환성중생미리지불 소설법문 환해

중생심리미불중생

以此不異故知衆生心

이차불이고지중생심

　일체제불은 일체중생의 마음 지혜로써 정각을 이루시고 일체중생은 제불의 지혜를 미하여 중생이 되거니와 성불할 때 이르러서는 도리어 중생의 이치를 미한 부처를 이루어 설하는바 법문도 도리어 중생 마음속의 부처를 미한 중생을 해설함이다. 이 다르지 않음을 쓰는지라 고로 중생의 마음을 안다.

　(卷第四十一昇都率天宮品)

言妙世界者 是隨生死 教化衆生 理智妙用也 世間
以土地山河爲世界
언묘세계자 시수생사 교화중생 이지묘용야 세간
이토지산하위세계
智人以智慧妙用爲世界
지인이지혜묘용위세계

말한 묘한 세계란 것은 이 생사를 따라 중생을 교화하
는 이지理智[28]의 묘용이니 세간은 토지 산하로써 세계를 삼
거니와 지인智人은 지덕智德의 묘용으로써 세계를 삼는다.

(卷第四十二兜率天宮偈讚品)

廻眞入俗利生 故名廻向
회진입속리생 고명회향

진眞을 돌이켜 속俗으로 들어가 중생을 이롭게 할새 고
로 이름이 회향이니라.

(卷第四十二十廻向品)

28) 도리와 지혜, 무루지無漏智, 사지事智의 대응어.

如來處胎 現生娑婆穢土 出生滅沒之佛 爲劣解眾生
權施接引之教
여래처태 현생사바예토 출생멸몰지불 위열해중생
권시접인지교
卽三乘²⁹⁾之 敎是也 如此經云 爲劣解眾生 母胎出現
爲上根眾生
즉삼승 지 교시야 여차경운 위열해중생 모태출현
위상근중생
蓮華化生
연화화생

　　여래께서 태에 처하사 사바예토에 현생하신 출생 멸몰
하는 부처는 열해중생劣解眾生을 위하사 방편으로 접인을 시
설한 교이며 곧 성문승 연각승 보살승의 교가 이것이다. 저
이 경에 이르되 열해중생을 위하사 모태에 출현하시고 상
근중생을 위하사 연화에 화생한다 함이다.

　　(卷第五十四十地品)

---

29)　3가지의 입장. 3가지 길을 걷는 자. 깨달음에 이르는 3가지 실천법. 승乘이란 사람
을 태워 깨달음에 이르게 하는 수단으로서의 가르침을 말함. 성문승聲聞乘, 연각승緣覺乘,
보살승菩薩乘이라는 3가지 실천 방법.

若見自心有能發菩提心時 當來成正覺時 即爲情
識生滅 不名發心時
약견자심유능발보리심시 당래성정각시 즉위정
식생멸 불명발심시

만약 자기의 마음에 능히 보리심을 발한 때와 당래에
정각을 이룰때가 있음으로 본다면 곧 정식情識의 생멸이 되
므로 마음을 발한 때라고 이름하지 못한다.

(卷第五十四十地品)

十三天中 所有諸天子 共同一器食 所食各不同 所
食種種食 不後十
십삼천중 소유제천자 공동일기식 소식각부동 소
식종종식 불후시
方來如是所修業 自然咸在器
방래여시소수업 자연함재기

삼십삼천중에 있는바 모든 천자가 공동으로 한 그릇으
로 먹지만 먹는 바가 각기 같지 못하니 먹는바 갖가지 음식
이 시방으로 쫓아 온 것이 아니다. 이와 같이 닦은바 업이

자연히 모두 그릇에 있다.

(卷第七十二十忍品)

有理智無行 理智乃處俗不圓 有行無理智 其行無
由出俗 故理行體徹
유이지무행 이지내처속불원 유행무이지 기행무
유출속 고이행체철
方成不二自在之門
방성불이자재지문

이지理智는 있으나 행이 없으면 이지가 속俗에 처하고
원만치 못하고 행은 있으나 이지가 없다면 그 행이 속을 벗
어날 이유가 없다. 고로 이와 행의 체가 사무쳐야 바야흐로
불이자재不二自在의 문을 이룬다.

(卷第七十七普賢行品)

佛子如來成正覺時 於其身中 普見一切衆生成正
覺 乃至普見一切衆
불자여래성정각시 어기신중 보견일체중생성정
각 내지보견일체중
生入涅槃 皆同一性所謂無性
생입열반 개동일성소위무성

불자여 여래가 정각을 이룰 때 그 몸 가운데에 널리 일
체중생이 정각 이룸을 보여 내지 널리 일체중생이 열반에
들어감을 보아서 다 한가지로 한 성품이니 이른바 무성無性
이라 한다.

(卷第八十如來出現品)

說一切衆生 於一念中 悉成正覺 與不成正覺
等無有異
설일체중생 어일념중 실성정각 여불성정각
등무유이
何以故 菩提無相故
하이고 보리무상고

설사 일체중생이 일념 가운데 다 정각을 이루더라도 정각을 이루지 못함으로 더불어 평등히 다름이 있음 없으니 무슨 까닭인가 보리는 모양이 없는 연고다.

(卷第八十如來出現品)

正覺了知一切法 無二離二悉平等 自性淸淨如虛空
我與非我不分別
정각요지일체법 무이이이실평등 자성청정여허공
아여비아불분별

如海印現衆生身 以此說其爲大海 菩提普印諸心行
是故說名爲正覺
여해인현중생신 이차설기위대해 보리보인제심행
시고설명위정각

譬如世界有成敗 而於虛空不增減 一切諸佛出世間
菩提一相恒無相
비여세계유성패 이어허공부증감 일체제불출세간
보리일상항무상

如人化心化作佛 化與佛化性無異 一切衆生成菩提
成與不成無增減
여인화심화작불 화여불화성무이 일체중생성보리
성여불성무증감
佛有三昧名善覺 菩提樹下入此定 放衆生等無量光
開悟群品如蓮敷
불유삼매명선각 보리수하입차정 방중생등무량광
개오군품여연부
如三世劫刹衆生 所有心念及根欲 如是數等身皆現
是故正覺名無量
여삼세겁찰중생 소유심념급근욕 여시수등신개현
시고정각명무량

일체법이 이二와 이이離二가 없으므로 다 평등하여 자성
이 청정하여 허공과 같은 줄을 정각의 요지로다. 아我와 비
아非我를 분별하지 말라. 바다가 중생의 몸을 인印하여 나타
낼 때 이로써 그 대해大海가 된다고 설함과 같다. 보리가 널
리 모든 심행心行으로 인할 때 이런 고로 정각이 된다고 말
한다. 비유하면 세계가 성패가 있으나 허공에는 증감치 않
음과 같다. 일체의 모든 부처가 세간에 출현하시나 보리는
일상一相이므로 항상 무상無相이다.

어떤 사람이 화심化心으로 부처를 화작化作하여 화化와 불화不化가 성품이 다름없음과 같아서 일체중생이 보리를 이룰 때 이루거나 이루지 않거나 증감이 없다. 부처님이 삼매가 있으니 이름이 선각善覺이라 보리수 아래에서 이 정定에 드시어 중생 수 등의 무량광을 놓아 군품群品[30]을 개오開悟함이 연꽃과 같으시다. 삼세의 겁과 찰나의 중생이 소유한 심념心念 및 욕망의 뿌리와 같아서 이와 같은 수 등의 몸을 다 시현 하실새 이런 고로 정각을 무량이라고 이름한다.

(卷第八十如來出現品)

一切如來諸所作 世間譬喩無能及 爲令衆生得悟解
非喩爲喩而顯示
일체여래제소작 세간비유무능급 위령중생득오해
비유위유이현시

일체 여래의 모든 짓는 바는 세간의 비유로 능히 미치지 못하지만, 중생으로 하여금 깨달아 알게 하고자 비유 아

---

30) 여러 중생. 군류群類, 군생群生과 같음.

닌 것으로 비유를 삼아 나타내어 보이신 것이다.

(卷第八十如來出現品)

深入無數劫 皆悉到彼岸 無量劫一念 一念無量劫
一切劫非劫 爲世
심입무수겁 개실도피안 무량겁일념 일념무량겁
일체겁비겁 위세
示現劫無來無積集 成就諸劫事 於一微塵中 善見
一切佛 十方一切處
시현겁무래무적집 성취제겁사 어일미진중 선견
일체불 시방일체처
無處而不有
무처이불유

깊이 무수 겁에 들어가서 모두 다 피안에 이르나니 무
량겁이 일념이며 일념이 무량겁이다. 일체 겁이 겁이 아니
다. 세간을 위해 겁을 시현 하니 오는 것도 없고 적집積集도
없으나 모든 겁사劫事를 성취한다.

일미진 가운데에 일체 부처님이 시방의 일체 처에 있지 않으신 곳 없음을 넓게 본다.

(卷第八十七離世間品)

掌持無量刹 編往身無倦 還來置本處 衆生不覺知
장지무량찰 편왕신무권 환래치본처 중생불각지

무량찰을 움켜쥐어 두루 가되 몸은 위태함이 없으며 돌아와서 본처에 안치하되 중생은 각지覺知 치 못한다.

(卷第八十七離世間品)

過去一切劫 安置未來今 未來現在劫 廻置過去世
과거일체겁 안치미래금 미래현재겁 회치과거세

과거의 일체 겁을 미래와 지금에 안치하며 미래와 현재의 겁을 돌이켜 과거세에 안치하도다.

(卷第八十七離世間品)

未來劫現在 一切十方佛 靡不於身中 分明而顯現
미래겁현재 일체시방불 미불어신중 분명이현현

미래 및 현재의 일체 시방불十方佛이 몸 가운데에 분명
히 환히 나타나지 않음이 없다.

(卷第八十七離世間品)

何故名爲入法界品 明信樂者 從迷創達 名之爲入
身心境界 性自無
하고명위입법계품 명신락자 종미창달 명지위입
신심경계 성자무
依名之爲法 一多通徹 眞假是非障亡 名之爲界 又
純與智俱 非情識
의명지위법 일다통철 진가시비장망 명지위계 우
순여지구 비정식
境名之爲法界 又達無明識種 純爲智用 不屬迷收
是無依智之境界
경명지위법계 우달무명식종 순위지용 불속미수
시무의지지경계

名爲法界又以智體無依

명위법계우이지체무의

無方不徧 普見眞俗總不思議 毛孔身塵 參羅衆像
無邊境界 佛刹重

무방불편 보견진속총부사의 모공신진 삼라중상
무변경계 불찰중

刹不該不重智凡同體 境像相入 名爲法界 又一塵
之內 普舍衆刹 無

찰불해불중지범동체 경상상입 명위법계 우일진
지내 보사중찰 무

空不徧無壞報境重重 法無不眞 通理徹事 名爲法
界 又以一妙音 徧

공불편무괴보경중중 법무불진 통리철사 명위법
계 우이일묘음 편

聞刹該以一纖毫 量等無方 以大小見亡 物我同體
識謝情滅

문찰해이일섬호 량등무방 이대소견망 물아동체
식사정멸

智通無碍 名爲入法界

지통무애 명위입법계

무슨 연고로 이름이 입법계품入法界品이 되는가 하면 믿고 즐기는 자가 미迷를 좇아 요달함을 입入이라 이름하고, 신심경계身心境界의 성품이 스스로 의지함 없음을 이름해 법이라 하고, 일一과 다多가 통철하여 진眞과 가假. 시是와 비非의 장애가 없음을 계界라 이름 지어 밝힌다.

또 순전히 지智로 더불어 함께 정식情識의 경계가 아님을 이름하여 법계라 하고 또 무명의 식종識種이 순전히 지용智用이 되어서 미수迷收에 속하지 않음이 이 무의지無依智의 경계이니 법계라 이름한다.

또 지체가 의지依止가 없기 때문에 방소方所마다 두루치 않음이 없으며 널리 진과 속이 다 부사의라서 모공毛孔과 신진身塵 삼라森羅와 중상衆像의 무변경계에 불찰佛刹(절, 사찰, 사원)이 중중하여 지범智凡이 동체요. 경상境像이 서로 들어감을 보는 이름이 법계가 되며 또 일진의 안에 널리 중찰衆刹을 머금어 허공에 두루하지 않음이 없고 찰刹을 갖추지 않음이 없어서 보경報境의 중중함을 파괴하지 않고도 법이 진실하지 않음이 없어서 이理에 통하고 사事에 사무침을 이름이 법계가 된다. 또 일묘음一妙音으로써 찰해에 들리게 하고 일섬호一纖毫로써 양이 무방無方과 등비等比하여 대소의 견견이 망하매 물아物我가 동체요 식이 물러가고 정情이 없어지매 지智가 통하여 무애함을 이름하여 입법계入法界가 된다.

(卷第八十八入法界品)

若於行外別修菩提 卽聲聞緣覺及空觀菩薩菩提
非一乘文殊普賢理智

약어행외별수보리 즉성문연각급공관보살보리
비일승문수보현이지

萬行悲願自在菩提 以是如來對權教菩薩 說諸行
無常是生滅法 以權

만행비원자재보리 이시여래대권교보살 설제행
무상시생멸법 이권

教菩薩修析法明空觀 破三界有 如來對此說諸行
無常 未明三界諸有

교보살수석법명공관 파삼계유 여래대차설제행
무상 미명삼계제유

卽菩提用故以此一乘實教菩薩 但求普薩道 行菩
薩行 卽菩提用 明理

즉보리용고이차일승실교보살 단구보살도 행보
살행 즉보리용 명리

智體用總該不別 求也若也別求菩提 卽體用各別
二見恒存 不名乘不

지체용총해불별 구야약야별구보리 즉체용각별
이견항존 불명승부

思議乘故 是故但求菩薩道 無別菩提也 以明菩提

無求 無發心 無所

사의승고 시고단구보살도 무별보리야 이명보리

무구 무발심 무소

行無處所 無問無答 無得無證行一切行 具普賢道

無行無修 是菩提

행무소처 무문무답 무애무증행일체행 구보현도

무행무수 시보리

大用圓滿故 但求菩薩道 學菩薩行故 始可得名初

發心時便成正覺

대용원만고 단구보살도 학보살행고 시가득명초

발심시변성정각

만약 행行 밖에 따로 보리를 닦는다면 곧 성문 연각 공관보살空觀菩薩의 보리요. 일승一乘인 문수 보현이지 만행 자재의 보리가 아니다. 이런 까닭으로 여래께서 권교보살權敎菩薩을 대하사 제행이 무상한지라 이 생멸법이라고 설하셨다. 권교보살이 석법명공관析法明空觀을 닦아서 삼계유三界有를 깨뜨리기 때문에 여래께서 이에 대하여 제행무상을 설함이니 삼계의 제유諸有가 곧 보리의 용用임을 밝히지 못한 연고다.

이 일승실교보살一乘實敎菩薩은 다만 보살도를 구하고 보

살행을 행함이 곧 보리의 용이기 때문에 이지체용理智體用을 다 갖추어 따로 구하지 않음을 밝힌다.

만약에 따로 이 보리를 구한다면 곧 체와 용이 각기 달라 이견二見이 항존恒存 할새 부사의승不思議乘을 승乘 한다고 이름하지 못한다. 이런 고로 다만 보살도를 구하고 다른 보리가 없으니 보리는 구함도 없고 발심함도 없고 행하는 바도 없고 처소도 없고 물음도 없고 답도 없고 얻음도 없고 증함도 없는지라 일체행을 행함에 보현도를 갖춰서 행도 없고 닦음도 없음이 이 보리의 대용원만大用圓滿인 연유로 다만 보살도를 구하고 보살행을 행함을 밝혔기 때문에 비로소 가히 초발심시에 문득 정각正覺을 이룬다는 이름을 얻는다.

(卷第九十一入法界品)

如來出世 應眞智會 體徧十方 不可以如世間質碍論
不可以作世間形
여래출세 응진지회 체편시방 불가이여세간질애론
불가이작세간형

相解現同人間 示同人法 現同天上 與天同風 地獄
畜生 隨類差別 不
상해현동인간 시동인법 현동천상 여천동풍 지옥
축생 수류차별 불

可以作一行知 不可以作一身解 衆生無量 佛亦同
然 然其報土報身
가이작일행지 불가이작일신해 중생무량 불역동
연 연기보토보신

徧一切方出超三界 與菩薩衆人天同居 有翳之流
恒同身共居 而常不
편일체방출초삼계 여보살중인천동거 유예지류
항동신공거 이상불

知不見十方佛刹智境含容 於一微塵 總圓無盡
지불견시방불찰지경함용 어일미진 총원무진

　여래께서 출세한 것은 진眞에 응해 지智가 모여 체가 시
방에 두루하시니 가히 저 세간의 질애質碍[31]로써 논하지 못
하며 가히 세간의 형상을 지음으로써는 알지 못한다. 인간

---

31)　형체가 있고 장애가 되는 물질의 성질.

과 같음을 시현함으로 인간과 같은 법을 보이시고 천상과 같음을 시현함으로 천天으로 더불어 풍속이 같으며 지옥과 축생에게도 무리의 차별을 따라 가히 써 일행으로 앎을 짓지 못하며 가히써 일신으로 앎을 짓지 못한다.

　　중생이 무량함으로 부처님 또한 동연同然하신다. 그리하여 그 보토報土와 보신報身도 일체의 방소方所에 두루하여 삼계를 출초出超하며 보살중菩薩衆과 인천人天으로 더불어 동거하지만 예장翳障[32]이 지경智境이 함용含容하여 일미진一微塵에 다 원만하여 다함이 없음을 알지도 못하고 보지도 못한다.

　　(卷第一百十二入法界品)

刹塵心念可數知 大海中水可飲盡 虛空可量風可繫
無能盡說佛功德
찰진심념가수지 대해중수가음진 허공가량풍가계
무능진설불공덕

---

32) 눈의 겉 부분에 예막이 없고 눈동자가 속으로 가려지는 병증임.

찰진刹塵의 심념을 가히 세어서 알고 대해 중의 물을 가히 마셔 다하고 허공을 가히 헤아리고 바람을 가히 묶더라도 능히 부처님의 공덕을 다 설하지는 못한다.

화엄사상의 내용과 역사 요약

『화엄경』은 불교에서 소의경전으로 하여 정립된 불교교리로 우주의 모든 사물은 서로의 원인이 되며, 홀로 있거나 홀로 일어나는 일이 없고, 대립을 초월하여 하나로 융합하고 법계연기法界緣起의 개념으로 세계는 그 자체로 부처의 자비가 충만한 연화장세계이다. 우리나라에서는 의상과 원효가 방대한 화엄사상을 깊이 이해하고 체계화하여 기틀을 마련했으며 특히 원효는 화엄경소를 저술하고 무애사상無碍思想과 화쟁사상和諍思想으로 일반 백성에게 불교를 접하게 하였다.

불교사상에서 『화엄경』의 위치는 붓다 성도 직후에 화엄을 설했다고 한다. 실제 『화엄경』이 나타난 시대는 A.D150~250년경부터 나타난다. 붓다가 깨달음을 얻고 삼매 속에서 『화엄경』을 설했다고 한다. 그리고 중생들이 이해하지 못할 것 같아서 바로 열반에 들려고 하였다. 그때 범천凡天(인도의 창조신)이 나타나서 세 번 설법해 주기를 간청하자 붓다가 감로의 문은 열려있다고 말했다 한다.

그리고 붓다가 깨달음을 이룬 부다가야에서 바라나시 녹야원까지 가서 교진여 등 다섯 비구에게 법을 설하였다. 이 초전법륜시初轉法輪時에는 사제법四諦法과 중도법中道法을 설했다. 이러한 『화엄경』은 모든 것이 일심一心으로 즉, 법法을 설명한 것이므로 이것은 '법法' 한 글자로 요약할 수 있다. 『화엄경』은 시대상으로 반야般若, 법화法華, 무량수경無量壽經 등과 함께 아법구공我法俱空의 사상을 나타내는 초기 대승경전에 속한다.

경전의 종류는
60권본화엄경: 불타발타라佛陀跋陀羅 각현 421년
　　　　번역 7처 8회 34품
80권본화엄경: 실차난타實叉難陀 699년
　　　　번역 7처 9회 39품
40권본화엄경: 삼장법사三藏法師 798년
　　　　번역 1처 1회 1품

화엄사상華嚴思想은 법계연기法界緣起 개념을 다른 종파의 연기설과 구별하기 위하여 무진연기無盡緣起로도 불린다.

화엄사상의 핵심은 사법계四法界. 십현연기十玄緣起. 육상원융六相圓融. 상입상즉相入相卽등은 무진연기無盡緣起로 설명하고 있다.

사법계四法界란 모든 존재의 세계를 네 가지 영역으로 구분한 화엄종의 우주관이다. 현상의 세계인 사법계事法界, 진리의 세계인 이법계理法界, 현상과 진리가 서로 방해함이 없이 서로 교류 융합하는 세계인 이사무애법계理事無碍法界. 현상과 현상이 서로 방해함이 없이 교류 융합하는 사사무애법계事事無碍法界를 뜻한다.

우주의 모든 사물이 제각기 한계를 가지면서 서로 대립하고 있는 차별적인 현상의 세계를 사법계라 하고 늘 평등한 본체의 세계를 이법계라 한다. 그러나 현상과 법계는 결코 떨어져서는 있을 수 없는 것으로, 항상 평등 속에서 차별을 보이고 차별 속에서 평등과 평등을 나타내고 있는데, 이를 이사무애법계라 한다. 또 현상 그것도 각 현상마다 서로서로 원인으로 인한 밀접한 융합을 유지한다는 것이 사사무애법계이다.

이 사사무애법계는 화엄사상의 핵심을 나타낸 것으로,

일반적으로 중중무진重重無盡의 법계연기라고 하며, 그 특징적인 모습을 열 가지로 설명하고 있다.

동시구족상응문同時具足相應門은 현세에 과거와 미래가 다 함께 담겨있음을 뜻하고, 제법상즉자재문諸法相卽自在門은 현상계의 모든 사물이 서로 차별하는 일이 없이 일체화되고 있다는 말이다.

또, 하나는 하나의 위치를 가지고 다多는 다의 면목을 유지하는 가운데, 하나와 다가 서로 포섭하고 서로 융합한다는 것이 일다상용부동문一多相容不同門이다. 이때 하나가 없으면 다多가 없으며, 하나가 있으면 일체가 성립한다. 모든 것이 홀로 된 것이 아니라, 하나로도 되고 열十로도 되고 일체로도 된다는 뜻이다. 이에 근거하여 화엄에서 가르치는 일즉일체一卽一切. 일체즉일一切卽一의 논리가 전개되어 성립하는 것이다.

『화엄경』에서 말하는 연화장세계蓮華藏世界는 현상계와 본체, 현상과 현상이 서로 대립하는 모습을 그대로 가지면서도 서로 융합하여 끝없이 전개되는 세계로 약동적인 하나의 생명체라고 설명하고 있다.

이 연화장세계에서는 중심불中心佛인 비로자나불毘盧遮那佛이 대광명을 비추어 모든 것을 융합하고 조화를 이루고 있다. 『화엄경』은 우주의 원리와 질서를 미적으로 아름답게 표현한 경전이다.

모든 현상의 각각에는 총상總相, 별상別相, 동상同相, 이상異相, 성상成相, 괴상壞相 등 여섯 가지 모습이 함께 갖추어져 있고, 전체와 부분 또는 부분과 부분이 서로 일체화되고 있다는 것을 전개 성립시킨 것이 육상원융六相圓融의 이론이다.

육상원융은 모든 존재가 여섯 가지 상으로 갖추어서 서로 걸리지 않으며 전체와 부분, 부분과 부분이 일체화하여 차별이 없다는 화엄의 가르침이다.

『화엄경』은 인도의 용수보살龍樹菩薩이 편집했다는 설이 있다. 그러나 『화엄경』을 사상적인 측면에서는 무착無着과 세친世親의 연기사상緣起思想에 입각하여 화엄교학의 체계가 정립되었음을 알 수 있다. 세친이 「십지경론十地經論」 12권을 저술하였다.

화엄칠조華嚴七祖는 화엄종의 가르침을 이어받은 일곱 조사로 마명보살馬鳴菩薩, 용수보살龍樹菩薩, 제심조사帝心祖師, 운화조사雲華祖師, 현수대사賢首大師, 청량국사淸凉國師, 규봉선사圭峰禪師이다.

중국에서 『화엄경』을 최초로 번역한 스님은 동진의 각현覺賢(불타발타라佛陀跋陀羅=359~429)이다. 그 뒤 한역본의 『화엄경』을 소의경전으로 하는 화엄종단이 두순에 의하여 종지를 확립하였다.

용수보살은 『화엄경』을 770자로 요약하여 화엄경약찬게華嚴經略纂偈를 만들었고 신라의 의상대사는 210자로 줄여서 화엄일승법계도華嚴一乘法界圖를 만들었다. 이것을 좀 더 줄인다면 대방광불화엄경大方廣佛華嚴經이라는 7자일 것이다.

❖ 이 경의 전체 요지는 유일진법계唯一眞法界로 통섭統攝된다. 삼라만상으로 원만히 포괄하는 것은 오직 일심一心이니 본체本體를 보면 온전히 진실眞實이어서 서로 융통하고 서로가 서로를 포섭하며, 이것이 바로 부처님께서 증득하신 깨달음이자, 또한 중생들이 본래 지니고 있는 마음의 원천이라 한다.

법구경

法句經(Dhammapada)

제1장 쌍서품雙叙品(The Twin-verses)

心爲法本 心存心使
심위법본 심존심사
中心念惡 卽言卽行
중심염오 즉언즉행
罪苦自追 車轢於轍
죄고자추 거역어철

마음은 모든 것의 근본이 되고
마음은 모든 것을 이끈다.
마음속에 악한 것을 생각하면
말과 행동이 그러하다.
허물 때문에 고통이 그를 따르니
수레를 따르는 수레바퀴처럼.
《법구경 001》

. . . .

마음을 비우는 방법은
고정 관념을 내려놓고 이 세상을 보라.
상상想想을 헤아리지 말라.
과거에 매달리지 말라.

心爲法本 心尊心使

심위법본 심존심사

中心念善 卽言卽行

중심염선 즉언즉행

福樂自追 如影隨形

복락자추 여영수형

마음은 모든 것의 근본이고

마음은 모든 것의 주인이며

마음속에 착한 것을 생각하면

말과 행동이 그러하다.

그 선업善業[33) 때문에 즐거움과 행복이 따르니

마치, 그림자가 형체를 따르듯이.

《법구경 002》

· · · · · · · · · · · · · · · ·

청빈한 풍류가 텅 비어 아름답듯이 마음을 비워야 계戒. 정定.

혜慧를 닦아 깨달음에 갈 수 있다.

---

33) 착한 행위. 불교에서 오계五戒와 십선十善 등을 지키는 행위.

不可怨以怨 終以得休息

불가원이원 종이득휴식

行忍[34]得息怨 此名如來法

행인 득식원 차명여래법

원한으로써 원한을 갚으면

원한은 결코 사라지지 않는다.

오직 용서로써 원한은 쉬나니

이 법은 영원한 진리다.

《법구경 005》

· · · · · · · · · · · · · · · ·

남에 대한 원망을 마음에 두지 말라.

남에게 뱉은 말은 도로 나에게로 돌아오나니.

---

34) 인욕忍辱. 인내忍耐. 고난을 견뎌내는 것. 모욕이나 고통을 견디어 마음을 안정케 하
고 성내는 생각을 일으키지 않는 것.

不好責彼 務自省身

불호책피 무자성신

如有知此 永滅無患

여유지차 영멸무환

남의 잘못을 꾸짖지 말고

자신을 잘 살펴보라.

이것을 아는 사람은

모든 고난이 사라지리라.

《법구경 006》

· · · · · · · · · · · · · · · ·

인욕을 아는 사람들에게는 모든 시비가 생겨날 수 없다.

以眞爲僞 以僞爲眞
이진위위 이위위진
是爲邪計 不得眞利
시위사계 부득진리

진실을 진실 아닌 것으로 보고
거짓을 진실로 생각하면,
이것은 참 잘못된 소견이며
그것은 참다운 이익을 얻지 못한다.
《법구경 011》

. . . .

자기의 고통이 있다면 남의 고통을 보지 못한다. 우리의 마음에
자유와 안정과 용기를 가져오는 것은, 진실한 이치와 불성의 도
리이다.

知眞爲眞 見僞知僞
지진위진 견위지위
是爲正計 必得眞利
시위정계 필득진리

진실을 진실로 알고
진실 아닌 것을 진실 아닌 줄 알면,
이것이 바른 정견正見[35]이므로
반드시 좋은 이익을 얻는다.
《법구경 012》

· · · · · · · · · · · · · · · ·
진실하지 못한 어둠 속에는 두려움이 있을 뿐이다.

---

35) 바른 소견. 실상을 바르게 보는 것. 8정도의 하나로 올바른 견해.

造憂後憂 行惡兩憂
조우후우 행악양우
彼憂惟懼 見罪心據
피우유구 견죄심거

악한 일을 하면 이승과 저승에서 두렵고
악을 행한 사람은 두 생에서 걱정한다.
그러나 더욱 괴로운 것은
고통속에서 악행을 보는 것이다.
《법구경 015》

. . . .
죽음은 우리에게 얼마나 무서운 깊은 못인가.
행복을 그리는 사람에게.

造喜後喜 行善兩喜
조희후희 행선양희
彼喜惟歡 見福心安
피희유환 견복심안

선한 일을 한 사람은
이승과 내생에도 기뻐한다.
자신이 지은 선업善業[36]을 보고
기뻐하고 즐거워한다.
《법구경 016》

· · · · · · · · · · · · · · ·
남의 고통을 느끼고 공감하면 자기 고통도 사라진다.
그리고 공감의 능력이 있으면 자비심이 생겨난다.
선행善行을 행하고도 칭찬은커녕 오해를 받을 수 있다.
그러나 남이 모른다 하여 선행이 없어지는 것이 아니다.

36) 선업善業, 죄업罪業, 복업福業 등이 있다.

今悔後悔 爲惡兩悔
금회후회 위악양회
厥爲自殃 受罪熱惱
궐위자앙 수죄열뇌

악행을 한 사람은
금생에도 내생에도 괴롭다.
자신이 악행을 저지른 마음의 고통으로
더욱더 괴로워한다.
《법구경 017》

. . . .

인생은 고통이다.
인생은 유혹이다.
그리고
인생은 욕망과 마음뿐이다.

雖誦習多義 放逸不從正
수송습다의 방일부종정
如牧數他牛 難獲沙門[37]果
여목수타우 난획사문 과

아무리 많은 경전을 암송하여도
실천하지 않는 게으른 사람은
남의 소를 세는 목동처럼
수행하는 사람은 아무런 이익이 없다.
《법구경 019》

· · · · · · · · · · · · · · · ·

그대의 생명에 유감없는 죽음의 준비가 되어 있는가?

---

37) 사문沙門: 출가해서 불도를 닦는 사람. 모든 불교 수행자의 총칭.

時言小求 行道如法 除婬怒痴
시언소구 행도여법 제음노치
覺正意解 見對不起 是佛弟子
각정의해 견대불기 시불제자

비록 경전을 조금 알더라도
정법을 따라 수행하고,
탐욕과 성냄과 어리석음을 버리어
옳은 지식과 바른 이해로
보고 바른 마음을 낸다면
그 사람이 부처님의 제자다.
《법구경 020》

. . . .

분별이 아닌 무념의 세계에 있어서만 생의 본연적 성취의 행복
이 있는 것이다.

제2장 방일품放逸品(Vigilance)

戒爲甘露道 放逸爲死徑
계위감로도 방일위사경
不貪則不死 失道[38]爲自喪
불탐즉불사 실도 위자상

계율은 사는 길이요,
게으름은 죽음의 길이다.
탐욕을 버리면 죽지 않고
도를 잃으면 죽은 것과 같다.
《법구경 021》

. . . .

보고 듣고 움직이는 모든 것에서 법을 찾아야 한다.
말과 글에서 찾지 말고.

---

38) 진리의 뜻. 실천의 방법. 깨달음으로 가는 길. 열반에 이르기 위한 합당한 길.

慧智守道勝 終不爲放逸

혜지수도승 종불위방일

不貪致歡喜 從是得道樂

불탐치환희 종시득도락

진리眞理³⁹⁾를 분명히 알아서

게으르지 않은 사람은

마음을 알아차리는 환희가 있어

성자의 지혜智慧를 얻어 기뻐하리라.

《법구경 022》

. . . .

탐·진·치를 잘 다스려야 한다.

버린 만큼 잘 보이고 행복할 수 있다.

---

39) 진실한 이치. 진실. 진실의 궤범. 이理 사事에 대한 말. 진여. 일체 현상에 대해 말함.

正念常興起 行淨惡易滅

정념상흥기 행정악이멸

自制以法壽 不犯善名增

자제이법수 불범선명증

바른 생각을 항상 일으켜

청정한 실천으로 악을 멸하고,

스스로 자제하며 진리대로 살면

그 사람의 인격은 더욱 빛난다.

《법구경024》

우리들은 자신을 위해서 산다고 하지만

나 자신에 대해서는 잘 모른다.

그러나 자기비판의 가능에서 다른 동물들과 구별된다.

愚人意難解 貪亂好諍訟
우인의난해 탐란호쟁송
上智常重愼 護斯爲寶尊
상지상중신 호사위보존

어리석은 사람은 깊은 뜻을 몰라서
게으름에 빠져 다투기를 즐기며,
지혜智慧[40] 있고 신중한 사람은 항상 부지런함을
귀중한 보물처럼 실천한다.
《법구경 026》

. . . .

방일하지 않는 행을 좋아하면서 마음을 잘 지키고 바로 생각
해 잘못된 모든 법을 여의면 저절로 즐거움을 받게 되리라.
《열반경》

---

40) 사물의 실상을 비추어 미혹을 밝혀 깨달음을 완성하는 작용. 사물을 올바르게 받
아들여 진리를 판별하는 인식. '지智'는 세상을 향해서 발견하는 것. '혜慧'는 깨달음을 이
끄는 것. '지'란 속제俗諦를 아는 지이고, '혜'란 진제眞諦를 비추는 혜이다.

比丘謹慎樂 放逸多憂愆

비구근신락 방일다우건

結使所纏裏 爲火燒已盡

결사소전리 위화소기진

부지런히 수행함을 기뻐하고

게으름을 두려워하는 사람은

마음에 얽혀있는 모든 번뇌煩惱[41]를

불꽃처럼 깨끗하게 태운다.

《법구경 031》

. . . .

자기 마음속에 법당을 장엄하여

그 법당에 부처님을 모시어 수행해야 한다.

41) 몸과 마음을 번거롭게 하고 괴롭히는 정신적 작용. 고민, 걱정으로 몸과 마음을 괴롭히는 마음의 더럽혀짐. 그릇된 생각. 혹惑이라고 함. 근원적 번뇌로서 삼독三毒, 즉 탐냄貪, 성냄瞋, 어리석음(치癡)을 드는 것이 대표적이다. 혹은 3루漏, 3박縛, 3혹惑, 4류流, 4액軛, 4취取, 5상분결上分結, 5하분결下分結, 9결結, 8전纏, 10전纏, 108번뇌, 8만4천번뇌 등으로도 나눈다. 유루번뇌有漏煩惱와 무루번뇌無漏煩惱로도 나눈다. 마음에서 일어나는 세 가지 독.

輕躁難持 唯欲是從

경조난지 유욕시종

制意爲善 自調則寧

제의위선 자조즉녕

욕망을 따라 가볍게 움직이는

그 마음은 자제하기 힘들다.

마음을 자제하는 일은 훌륭하니

자제된 마음은 평온함을 준다.

《법구경 035》

． ． ． ． ． ． ． ． ． ． ． ． ． ． ． ．

그대의 인욕바라밀은 자발적이어야 한다.

意微難見 隨欲而行

의미난견 수욕이행

慧常自護 能守則安

혜상자호 능수즉안

탐욕貪慾[42]을 따라서 움직이는 마음은

아주 미세하여 보기가 어렵다.

지혜가 있는 사람은 스스로 지키니

잘 지켜진 마음은 즐거움을 가져온다.

《법구경 36》

. . . .

참음이란 다른 시간과 공간에 대한 위대한 소신과 항상된 일념

에서 가능하다.

---

42) 자기가 바라는 것을 탐하고 구하는 것. 자기의 정情에 드는 것을 받아들이고, 나쁜
것을 모르는 마음. 명성이나 이익을 탐하는 마음. 탐하는 마음. 삼독三毒의 하나.

心無住息 亦不知法
심무주식 역부지법
迷於世事 無有正智
미어세사 무유정지

마음이 안정되어 있지 않고서
참다운 진리를 알지 못하며,
탐욕의 세상사에 물들면
바른 지혜는 있을 수 없다.
《법구경 38》

． ． ． ． ． ． ． ． ． ． ． ． ． ． ． ．

"인생의 모든 일은 다 그 뜻으로 되는 것인데 어찌 스스로 힘써

구경究竟의 안락을 구하지 않겠는가!"

念無適止 不絶無邊
염무적지 불절무변
福能遏惡 覺者爲賢
복능알악 각자위현

마음이 번뇌에 머물지 않고
생각이 흔들려 변하지 않으면
지혜 있는 사람은 이것을 깨달아
악을 능히 돌이켜 복을 짓는다.
《법구경 39》

. . . .

좋은 기억은 도솔천궁兜率天宮이요,
나쁜 기억은 무간지옥無間地獄이다.

是身不久 還歸於地
시신불구 환귀어지
神識已離 骨幹獨存
신식기이 골간독존

이 몸은 영구하지 않아
흙으로 다시 돌아가리라.
의식意識[43]이 한번 이 몸을 떠나면
백골만 홀로 남는다.
《법구경 041》

. . . .

그대가 그렇게 할 수밖에 없는 인생 사연, 업보에는 원인이 있
다. 그것을 자비로 이해하고 받아주어라.
자비심은 모든 문제를 해결한다.

---

[43] 생각하는 마음. 알고 사고하는 마음. 의식은 과거와 미래의 대상에 대해서도 작용
한다. 뜻에 의해 생기는 집착.

是意自造 非父母爲

시위자조 비부모위

可勉向正 爲福勿回

가면향정 위복물회

부모님이 주는 이익보다도

친척들이 주는 이익보다도

진리를 향한 바른 마음이

모든 이에게 더욱 큰 행복을 준다.

《법구경 043》

. . . .

큰 행복은 출격대장부出格大丈夫의 삶이다.

일체의 상대적 경계를 벗어버린 고절孤絶한 절대의 경지이다.

제4장 화향품華香品 (Flowers)

學者擇地 捨鑑取天

학자택지 사감취천

善說法句 能採德華

선설법구 능채덕화

수행자는 좋은 땅을 택하고

이 사바娑婆[44]를 버리고 천상계를 취한다.

진실한 법을 설하기를

아름다운 꽃을 가려서 취한다.

《법구경 045》

. . . .

염정시艶情詩는 남녀의 정사를 연상하는 시.

선리시禪理詩는 무상한 인간의 쾌락을 경계하는 시.

선사들은 종종 무상과 상주를 초월하여 삶의 진실을 깨닫기 위

해 시를 차용하였다.

---

44) 감인토堪忍土, 인토忍土, 인계忍界, 참아의 의미로 이 세계. 현실의 세계. 부처님이 나
타나 교화하는 세계.

如有採華 專意不散
여유채화 전의불산
村睡水漂 爲死所牽
촌수수표 위사소견

아름다운 꽃을 꺾는 일에만 빠지면
마음이 감각적 쾌락에 빠져 버린 사람은
죽음이 어느새 빼앗아 간다.
홍수가 잠든 마을을 휩쓸고 가듯.
《법구경 047》

. . . .

희로애락의 모든 것은 한순간이다.
사람들의 의젓한 삶도 눈물겨운 희극이다.
사람들의 마음속이 서로서로 보이지 않는 것이 기적이다.

如有採華 專意不散
여유채화 전의불산
欲意無厭⁴⁵⁾ 爲窮所困
욕의무염　위궁소곤

아름다운 꽃을 꺾는 일에만
오로지 정신이 빠진 사람은
그 욕망이 채워지기 전에
마침내 육신은 죽음을 당한다.
《법구경 048》

· · · · · · · · · · · · · · · ·
죽음은 인생의 영원한 풍자다.
동시에 영원한 생의 찬미자이다.

---

45)　무염無厭: 보기에 싫증이 나는 일이 없음. 싫증 나는 것을 모르고.

不務觀彼 作與不作
불무관피 작여부작
常自省身 知正不正
상자성신 지정부정

남이 잘못한 것을 보지 말고
남의 잘못된 행실을 판단하지 말라.
오직 자기의 행실을 돌아보고
법도에 맞는지 바로 보아라.
《법구경 050》

. . . .

자기의 허물은 언제나 자기의 허물이다.
남이 자기의 나무람을 비웃지 말라.

如可意華 色好無香
여가의화 색호무향
工語如是 不行無得
공어여시 불행무득

보기에는 아름다운 꽃이
빛깔만 곱고 향기가 없듯이
훌륭한 말에 실천이 없으면
아무런 이익을 얻지 못한다.
《법구경 051》

. . . .

"맹봉할갈盲棒瞎喝": 아무런 성찰이나 깨침도 없이 눈먼 덕산의
몽둥이와 임제의 할을 퍼붓는 사이비에게 일척一擲의 한마디.

多集衆妙華 結鬘爲步瑤

다집중묘화 결만위보요

有情積善根 後世轉殊勝

유정적선근 후세전수승

여러 종류의 꽃을 모아서

아름다운 꽃다발을 만드는 것 같이

선근 공덕을 짓고 쌓으면

내생에도 수승한 복을 받는다.

《법구경 053》

. . . .

견색불심문성오도見色佛心聞聲悟道: 사물의 모습인 색을 보고 거
기에 응하여 마음을 밝히고, 자연의 소리를 듣고 진리를 깨우친
다. (벽암록 78칙)

戒具成就 行無放逸

계구성취 행무방일

定意度脱 長離魔道

정의도탈 장리마도

만일 계를 잘 지키고

게으름 없이 잘 행하며,

바른 지혜로 해탈한 사람에게

악마惡魔[46]도 가는 길을 막지 못한다.

《법구경 057》

. . . .

계율을 지켜서 실천하는 것을 계戒라 하고

마음을 집중하여 산란하지 않는 것을 정定이라 하며

미혹을 끊고 진리를 주시하는 것을 혜慧라 한다.

깨달음에 도달하려는 자가 반드시 닦아야 할 세 가지 수행.

46) 악마는 불도를 방해하는 일체의 악신. 부처님을 적대하는 귀신.

제5장 우암품愚闇品(The Fool)

不寐夜長 疲惓道長

불매야장 피권도장

愚生死長 莫知正法

우생사장 막지정법

잠 못 자는 사람에게 밤은 길고

지쳐 있는 나그네에게는 길은 멀다.

바른 진리를 모르는 어리석은 자에게

생사 윤회輪迴[47] 길은 멀다.

《법구경 060》

· · · · · · · · · · · · · · · ·

일체 만물은 불성佛性을 갖춘 진리眞理이다.

---

47) 유전流轉이라고 함. 원뜻은 흐르는 것. 인도 고대의 사고방식으로, 생명이 있는 사람이 생사를 반복하는 것을 말함. 중생이 미혹하여 세상에 다시 태어나고 다시 죽어서 차바퀴 돌 듯이 멈추지 않는 것. 불교에서는 미혹한 세상의 것으로, 삼계(욕계欲界, 색계色界, 무색계無色界), 육도(지옥地獄, 아귀餓鬼, 축생畜生, 수라修羅, 인간人間, 천상天上)로 생사를 반복하는 것을 말함.

學無朋類 不得善友[48]

학무붕류 부득선우

寧獨守善 不與愚偕

녕독수선 불여우해

지혜롭지도 착하지도 못하거나

좋은 벗과 함께 갈 수 없거든

차라리 혼자 길을 가라.

어리석은 사람의 길벗은 하지 말라.

《법구경 061》

. . . .

꽃 없는 봄처럼 쓸쓸한 고독과 친하라.

쓸쓸한 고독은 자기의 마음을 보여줄 것이다.

마음을 참으로 사랑하면 진실을 볼 수 있다.

48) 좋은 벗. 착한 벗. 선지식善知識이라고도 함. 바른 도리를 가르쳐 주는 사람.

愚者自稱愚 常知善詰慧[49]

우자자칭우 상지선힐혜

愚人自稱智 是謂愚中甚

우인자칭지 시위우중심

자신의 어리석음을 아는 사람은

그 만큼은 착하고 현명하다.

어리석은 사람이 현명하다고 생각하면,

그 사람은 어리석고 어리석은 것이다.

《법구경 063》

. . . .

아양승啞羊僧: 어리석은 승려가 선악의 계율을 판단하지 못하여

죄를 짓고도 참회할 줄 모름을 벙어리 염소에 비유한 말.

---

[49] 세속의 지혜. 지혜가 풍부한 사람. 현명한 사람. 주의 깊은 사람.

智者須臾[50]間 承事賢聖人

지자수유　간 승사현성인

一一知眞法 如舌了衆味

일일지진법 여설료중미

지혜가 있는 사람은 잠깐이라도

깨달은 사람을 가까이 섬기면

곧 진리를 아나니

마치 혀가 국 맛을 아는 것처럼.

《법구경 065》

. . . .

사람을 알아봐야 사람이다. 마음이 사람이다.

생각의 마음과 지혜의 마음이 있다.

생각의 마음은 의식이다. 의식은 연심緣心이다.

연심은 관계를 맺는다. 의식은 항상 움직인다.

지혜의 마음은 성성惺惺하다.

마음의 실체가 없는 것을 성성적적惺惺寂寂이라 한다.

50)　수유須臾는 시간의 단위. 30라바라고 함. 찰나로 본다. 순식간. 즉시. 잠깐. 잠시.

愚人施行 爲身招患
우인시행 위신초환
快心作惡 自致重殃
쾌심작악 자치중앙

지혜가 없어 어리석은 사람은
자기가 자신을 원수로 만들고
욕심으로 나쁜 업을 짓고
자기 스스로 고통의 업을 받는다.
《법구경 066》

. . . .

내가 못 보는 것이다.
내가 못 듣는 것이다.
내가 못 하는 것이다.
왜!
나 자신을 믿지 못해서다.

惡不卽時 如穀牛乳
악부즉시 여곡우유
罪在陰伺 如灰覆火
죄재음사 여회복화

악행의 과보果報⁵¹⁾를 즉시 받지 않는 것은
금방 짠 우유가 엉기지 않는 것과 같다.
지은 업이 당장에는 안 보이나
불탄 재 속에 불씨처럼 숨겨져 있다.
《법구경 071》

· · · · · · · · · · · · · · · ·

인과因果는 자작自作의 인因임을 자각自覺하지 못하는 데서 오는
것이다.

愚人貪利養 求望名譽稱

우인탐이양 구망명예칭

在家自興嫉 常求他供養

재가자흥질 상구타공양

어리석은 사람은 이익을 탐하고

부질없는 명성을 구하며,

집안에서는 주도권을 다투고

집 밖에서는 존경과 공양供養[52]을 바란다.

《법구경 073》

. . . .

일체유심조一切唯心造 인데 마음은 누가 만들었는가?

마음은 묻는 그놈이 만들었다.

일체가 마음 밖에 마음이 없고 법 밖에 법이 없다.

---

[52] 봉사하는 것. 존경심을 갖고 봉사하고 섬기는 것. 신身, 구口, 의意에 따라 물건을 바
치는 것. 모든 것을 바치고 회향하는 것. 부처님에게 불공드리는 것. 공경공양, 찬탄공
양, 예배공양에 나타나는 정신적 숭경의 태도. 삼보에 향화 등 음식을 바치고, 찬양하고
존경하며 가르침에 따라 수행하는 것.

異哉失利 泥洹不同
이재실리 니원부동
諦知是者 比丘佛子
체지시자 비구불자
不樂利養 閑居却意
불락이양 한거각의

한 길은 세속적 이익의 길,
다른 한 길은 열반의 길.
이것을 밝게 아는 사람은
부처님 제자이며 참 비구다.
그는 부귀와 쾌락을 즐기지 않고
한가히 살아 마음이 편안하다.
《법구경 075》

· · · · · · · · · · · · · · · ·

중생이 사는 세상에서 시비是非란 가릴 수 없다.
왜냐하면 중생이 바로 시是와 비非로 구성된 양면적인 존재니까.

제6장 현철품賢哲品(Wise Man)

喜法臥安 心悅意淸
희법와인 심열의청
聖人演法 慧常樂行
성인연법 혜상락행

진리를 즐기면 늘 편안하다.
그 마음은 기쁘고 그 뜻은 깨끗하다.
지혜 있는 사람은 성인의 법을
그것을 늘 즐겁게 행한다.
《법구경 079》

· · · · · · · · · · · · · · · ·

부처님은 말씀하셨다.
"나는 내 자신을 다루는 사람이다."
남을 질타하고 자기 허물은 감추고
우월감을 향락하는 사람이 많다.
참 슬픈 풍경이다.

弓工調角 水人調船

궁공조각 수인조선

材匠調木 智者調身

재장조목 지자조신

활을 만드는 사람은 화살을 다루며,

배를 부리는 사람은 물을 다룬다.

목수는 나무를 다듬고,

지혜 있는 사람은 자신을 다듬는다.

《법구경 080》

· · · · · · · · · · · · · · · · ·

부처님은 말씀하셨다.

"멀리 있는 구세주를 믿으려 하지 말고 가까이에 있는 자신의

책임 아래 있는 몸과 입과 마음을 다스리라고 하셨다."

譬如厚石 風不能移
비여후석 풍불능이
智者[53]意重 毁譽不傾
지자 의중 훼예불경

아무리 강풍이 불어도
바위는 흔들리지 않는 것처럼
지혜 있는 사람은 뜻이 굳세어
비방과 칭찬에도 흔들림이 없다.
《법구경 081》

. . . .

정신생활의 풍부가 필요하다.

생각과 언어와 행동에 있어 청정하고 무심으로 고요해야 한다.

---

53) 지혜가 있는 사람. 도리를 아는 사람. 깊은 생각을 가진 사람. 학문이나 지식이 있는 사람.

大人體無欲 在所昭然明

대인체무욕 재소소연명

雖或遭苦樂 不高現其智

수혹조고락 불고현기지

현명한 사람은 탐욕심이 없어

가는 곳마다 그 모습이 환하다.

즐거움이나 괴로움을 만나도

지혜로운 사람은 흔들리거나 슬퍼하지 않는다.

《법구경 083》

∙ ∙ ∙ ∙ ∙ ∙ ∙ ∙ ∙ ∙ ∙ ∙ ∙ ∙ ∙ ∙ ∙

부처님이 일생을 강조하신 가르침은 지계持戒이다.

"자신이 하고 있는 행위를 면밀히 관찰하라는 것이다"

회피하면 두려움은 영원하고

기다리면 기회는 달아난다.

世皆沒淵 鮮克度岸

세개몰연 선극도안

如或有人 欲度必奔

여혹유인 욕도필분

세상은 모두 탐욕에 빠져

피안彼岸[54]에 이르는 사람이 드물다.

모든 사람들은

생사의 언덕인 차안此岸[55]서 헤매고 있다.

《법구경 085》

· · · · · · · · · · · · · · · ·

전지전능한 절대자 신이 지배하는 세상에 전쟁과 살생이 난무
하고, 부처님의 고향에 차별과 불평등이 만연한 것은 인간이 자
신의 어리석음을 알아차리지 못했기 때문이다.

---

54) 저쪽 언덕. 건너편. 이상의 세계. 이상의 경지. 생사의 바다를 건넌 깨달음의 언덕.
열반의 경지. 열반. 깨달음. 궁극의 경지. 무위의 언덕.
55) 미혹의 세계. 생사의 세계. 미혹된 개인 존재. 육근六根을 가리켜 말함. 피안의
반대말.

抑制情欲 絶樂無爲
억제정욕 절락무위
能自拯濟 使意爲慧
능자증제 사의위혜

지혜 있는 사람은 탐욕심을 버려
쾌락이나 물질의 취함도 없다.
스스로 자기를 청정히 하여
모든 번뇌를 지혜로 바꾼다.
《법구경 088》

. . . .

인연 따라 나타나는 현상이 감정이다.
아 아 아!
나는 얼마나 나의 생명을 낭비하였는가?
진실 없는 교언영색巧言令色으로…

제7장 아라한품阿羅漢品(The Arhat, The Saint)

去離憂患 脫於一切
거리우환 탈어일체
縛結已解 冷而無暖
박결이해 냉이무난

머나먼 생사生死[56]의 길을 마치고
근심과 걱정을 일체 떠나서
모든 속박에서 자유로운 사람은
괴로움도 번뇌도 있을 수 없다.
《법구경 090》

. . . .

좋은 일하는 것이 인생에 큰 행복이다.
행복의 추구보다 행복은 창조이다.
청정한 영혼에만 행복은 깃든다.

---

56) 살아있는 것과 죽은 것. 현실에서의 고뇌. 생과 사. 미혹의 세계. 생사고해生死苦海.

如鳥飛虛空 而無有所礙

여조비허공 이무유소애

彼人獲無漏 空無相願定

피인획무루 공무상원정

모든 번뇌를 끊어 버리고

허망된 즐거움에 집착執着[57]하지 않는다.

마음도 비고 상도 없는 해탈의 경지는

허공을 나는 새의 자취처럼 찾을 수가 없다.

《법구경 093》

자기 잘못을 통과하라.

남에 잘못을 이해하라.

어차피 우리는 나그네가 아닌가!

---

57) 사물에 고착하여 떨어지지 않고 매달림. 어떤 일에 마음이 쏠려 떠나지 않고 빠짐.

不怒如地 不動如山

불노여지 부동여산

眞人無垢 生死世絶

진인무구 생사세절

땅과 같아서 성내지 않고

아라한阿羅漢[58]은 산처럼 움직이지 않는다.

흙탕이 없는 호수 같아서

이 아라한에게는 생사윤회가 없다.

《법구경 095》

. . . .

외부에서 얻는 즐거움은 순간이다. (쾌락)

자기 내면에서 오는 즐거움은 노력으로 마음에서 온다. (희열)

자기의 육신을 살피고,

말하는 입을 살피고,

마음이 하는 일을 알아차리면 생사윤회를 벗어난다.

---

58) 응공. 나한이라고 함. 존경할 만한 사람. 공양받기에 적당한 사람. 수행을 완성한
사람. 세인의 존경을 받는 성자. 훌륭한 성자. 인도의 여러 종교를 통해서 존경받을 만한
수행자의 호칭이었다. 소승불교에 있어서 의 최상의 성자. 더 이상 수행할 것이 없기 때
문에 무학無學이라고 한다. 모든 번뇌를 잊고 열반에 들어간 최고 단계에 있는 사람.

心已休息 言行亦止
심이휴식 언행역지
從正解脫 寂然歸滅
종정해탈 적연귀멸

마음은 이미 고요하다.
말과 행동 역시 고요하다.
바른 지혜로 해탈한 사람은
이미 적멸寂滅[59] 세계로 돌아간 사람이다.
《법구경 096》

· · · · · · · · · · · · · · · · ·

악한 마음은 개체적 생존이라면
선한 마음은 사회적 공존이다.

---

59) 깨달음의 경지. 궁극의 깨달음. 적정으로 돌아가 일체의 상相을 여의고 있는 것. 마음의 궁극적인 고요함. 번뇌의 불을 완전히 꺼버린 상태.

在聚在野 平地高岸

재취재야 평지고안

應眞所過 莫不蒙祐

응진소과 막불몽우

마을이나 숲속에 있어나

들판이나 고원에서나

아라한이 머무는 곳은

그곳은 언제나 즐겁다.

《법구경 098》

· · · · · · · · · · · · · · ·

지금 살아있다는 사실에 감사한 것은

청정한 복을 가지고 있기 때문이다.

지혜와 자비의 행복은 자리이타自利利他에서 온다.

제8장 술천품述千品(The Thousands)

雖誦千章 不義何益

수송천장 불의하익

不如一義 聞行可度

불여일의 문행가도

비록 천 개의 게송을 외더라도

그 게송의 뜻을 모르는 것보다

단 하나의 뜻을 이해하여

편안함을 얻으면 그것이 나으리.

《법구경 101》

· · · · · · · · · · · · · · · ·

삼매三昧 수행은 밖으로는 모든 부처님의 가피력을 얻고

안으로는 공덕과 복덕이 원만하여

위로는 부처님의 과위果位에 포섭하게 된다.

千千爲敵 一夫勝之
천천위적 일부승지
未若自勝 爲戰中上
미약자승 위전중상

전쟁터에서 수천의 적과
혼자서 싸워서 이기기보다
자기 자신을 이기는 것이
가장 위대한 승리자이다.
《법구경 103》

．．．．．．．．．．．．．．．．

구함이 없는 사람!
세상은 그 앞에 와서 엎드린다.

若人壽百歲 邪僞無有智

약인수백세 사위무유지

不如生一日 一心學正智

불여생일일 일심학정지

비록 사람이 백 년을 살아도

거짓과 무지無智[60]와 방종放縱[61]으로 사는 것보다

하루를 살아도 지혜롭게

고요히 마음을 닦는 것이 낫다.

《법구경 111》

. . . .

서두르지 않으면 걱정도 없다.

이 세상 만물은 그것으로 존귀하다.

60) 지혜가 없는 것. 의식이 없는 것. 사실을 알아차리지 못하는 것. 모르는 것. 어리석
은 것.
61) 아무 거리낌 없이 제멋대로 행동함. 막 놀아남.

見善不從 反隨惡心

견선부종 반수악심

求福不正 反樂邪婬

구복부정 반락사음

凡人爲惡 不能自覺

범인위악 불능자각

愚痴快意 今後鬱毒

우치쾌의 금후울독

선한 일은 서둘러야 한다.

악惡[62]한 일은 멀리하여야 한다.

선한 일에 게으르고 느리면

그 사람은 악한 일을 즐기게 된다.

《법구경 116》

· · · · · · · · · · · · · · · ·

인생은 괴롭다. 고독의 혓바닥이 뼛속을 핥으면서 더욱 못 견딜

고독일 것이다. 그러나 희망은 즐거운 것이다.

---

62) 악업. 나쁜 것. 사람에게 해를 입히는 것. 도덕적인 의미의 악과 좋아하지 않는 업
보를 모두 뜻 한다. 10악과 함께 언제나 5역逆이 말해지는데 원시불교에서 대승불교까
지 일관하여, 인륜 질서의 파괴를 악이라고 한다.

人雖爲惡行 亦不數數作
인수위악행 역불수수작
於彼意不樂 知惡之爲故
어피의불락 지악지위고

사람이 비록 악행을 지었더라도
다시 짓지 않아야 한다.
그 가운데는 즐거움이 없나니
악행의 쌓임에서 괴로움이 온다.
《법구경 117》

. . . .

이 세상에서 제일 소중한 목숨,
이 목숨마저
오직 한마디 법을 위해
즐거이 버리나이다.

妖孽見福 其惡未熟

요얼견복 기악미숙

至其惡熟 自受罪虐

지기악숙 자수죄학

악의 열매가 익기 전에는

악한 사람도 복을 만난다.

그러나 악의 열매가 익었을 때는

악행을 지은 사람은 죄罪[63]를 받는다.

《법구경 119》

· · · · · · · · · · · · · · · ·

자기 지옥을 통과하라!

이기고도 지는 사람 있고

지고도 이기는 사람 있다.

자기를 이해하여야 남을 이해한다.

---

63) 법률, 종교, 도덕 등에 어긋나는 행위. 나쁜 행위의 보답.

有識墮胞胎 惡者入地獄

유식타포태 악자입지옥

行善上昇天 無爲得泥洹

행선상승천 무위득니원

어떤 생명은 사람의 모태에 들고

악업을 지은 사람은 지옥地獄[64]에 들며,

선업을 쌓은 사람은 천상에 나고

욕망을 벗어난 사람은 열반에 든다.

《법구경 126》

· · · · · · · · · · · · · · · ·

태양이 넘어가고

달이 지고

별이 숨고

모든 빛이 사라질 때

오직 나만의 등불이다.

---

64) 고통이 가득한 세계. 지하에 있는 감옥. 현세에 악업을 행한 자가 사후에 보답을
받는 곳. 죄업의 결과로서 받게 된 생존 상태 및 환경. 삼악도三惡道, 오취五趣, 육도六道, 십
계十界의 하나.

제10장 도장품刀杖品(Punishment)

一切皆懼死 莫不畏杖痛
일체개구사 막불외장통
恕己可爲譬 勿殺勿行杖
서기가위비 물살물행장

모든 생명은 채찍을 두려워하고,
모든 생명은 죽음을 두려워한다.
자기 생명에 이것을 견주어
남을 죽이거나 죽게 하지 말라.
《법구경 129》

· · · · · · · · · · · · · · ·

시간은 지극히 공평한 것,
그 사람의 삶과 같이 죽음도 공평하다.
오래 사는 것이 중요치 않다.
어떻게 사는 것이 중요하다.

人欲得歡樂 杖不加群生
인욕득환락 장불가군생
於中自求樂 後世亦得樂
어중자구락 후세역득락

모든 생명은 행복幸福⁶⁵⁾을 바라는데
다른 생명을 고통이나 죽이지 않고
그 속에서 스스로 행복을 찾으면
다음 세상에서도 즐거움을 얻는다.
《법구경 132》

· · · · · · · · · · · · · · · · ·

악임을 알면서 행하는 것
선임을 알면서 행하지 않는 것은
하루하루 생명만 낭비한다.

---

65) 안락安樂. 행운幸運. 이체. 길상吉祥. 흐뭇하도록 만족하여 부족이나 불만이 없음. 복
된 운수.

愚憃作惡 不能自解
우준작악 불능자해
殃追自焚 罪成熾然
앙추자분 죄성치연

어리석은 사람은 악을 짓고도
스스로 그것을 깨닫지 못하고,
자기가 지은 업에서 일어나는 불길에
제 몸을 태우며 괴로워한다.
《법구경 136》

. . . .
갈喝!
네 곁에 항상 끝까지 남는 것은 너뿐이다.
믿는다는 것은 너를 믿는 것이다.
확신하라!

自嚴以修法 減損受淨行

자엄이수법 감손수정행

杖不加群生 是沙門道人

장불가군생 시사문도인

스스로 법답게 몸을 가져서

마음이 고요하고 행실이 올바르며,

다른 생명을 해치지 않으면

그는 바라문婆羅門[66] 사문이요, 비구다.

《법구경 142》

. . . .

추위와 따뜻함

움직임과 고요함을

스스로 부끄러워

스스로 후회하네. (일휴종순日休宗純)

---

66) 사제자司祭者. 인도에 있어서 사성四姓(카스트)중 최고의 자. 승려 계급. 수행자의 뜻.
힌두교 성전의 학습, 교수나 다양한 제사 지내는 일이 직책인 자.

제11장 노모품老耄品(Old Age)

何喜何笑 世常熾然

하희하소 세상치연

深蔽幽冥[67] 不如求錠

심폐유명 불여구정

무엇을 웃고 무엇을 기뻐하랴!

세상은 쉼이 없이 불타고 있는데

그대들은 어둠 속에 덮여 있구나

어찌하여 밝은 등불을 찾지 않는가.

《법구경 146》

. . . .

모든 것에 고마워하면 아름답고

비우는 삶은 깨끗하다.

그러면 경계가 우뚝하다.

67) 저승. 깊숙하고 어두움.

身死神徙 如御棄車

신사신사 여어기거

肉消骨散 身何可怙

육소골산 신하가호

목숨이 다해 정신精神⁶⁸⁾이 떠나면

가을 들판에 버려진 표주박처럼

살은 썩고 앙상한 백골白骨만 뒹굴 것을

무엇을 사랑하고 즐길 것인가!

《법구경 149》

· · · · · · · · · · · · · · · · ·

자비가 없는,

단순한 비판을 위한 비판은

인생을 스스로 귀굴鬼窟에 빠질 것이다.

68) 생각이나 감정 등을 지배하는 마음의 능력. 마음을 쓰는 방향. 물질적인 것을 초월
한 실재. 사물의 근본적인 의의意義나 목적.

人之無聞 老若特牛

인지무문 노약특우

但長肌肥 無有智慧

단장기비 무유지혜

만일 사람이 정법正法⁶⁹⁾을 모르면

그 늙음은 황소처럼 늙어간다.

한갓 살만 찌지만

지혜는 자라지 않는다.

《법구경 152》

. . . .

머무름이 없으면 모양이 없다.

모양이 없다는 것은 육상六相⁷⁰⁾이.

죽고 나면 업業만 남는다.

---

69) 바른 법칙. 바른 교법. 불법佛法.

70) 아상我相. 인상人相. 중생상衆生相. 수자상壽者相. 법상法相. 비법상非法相.

제12장 기신품己身品(The Self)

自愛身者 愼護所守
자애신자 신호소수
希望欲解 學正不寐
희망욕해 학정불매

사람이 만일 자기를 사랑하거든
모름지기 삼가 자신을 보호하라.
지혜 있는 사람은 하루 세 때 중에
적어도 한 번은 자기를 살핀다.
《법구경 157》

· · · · · · · · · · · · · · · ·

나는 밤하늘의 궤도를 도는 목성처럼
걸어가고 또 걸어가고 있다.
정신은 무한한 능력
육신은 제한적 능력
어이하리까?
아아!

自己心爲師 不隨他爲師

자기심위사 불수타위사

自己爲師者 獲眞智人法

자기위사자 획진지인법

자기 마음을 스승으로 삼아라.

남을 따라서 스승 삼지 말라.

자기를 잘 닦아 스승으로 삼으면

능히 얻기 어려운 법을 얻는다.

《법구경 160》

. . . .

고통을 통해 나를 알아간다.

선행을 지어가면

공덕 따라 행복이 깃든다.

惡者受罪 善者受福
악자수죄 선자수복
亦各須熟 彼不自代
역각수숙 피불자대

스스로 악행을 하여 그 죄를 받고
스스로 선행을 하여 그 복을 받는다.
또 죄도, 복도 자신에게 매였다.
누가 그것을 대신해 받으리.
《법구경 165》

· · · · · · · · · · · · · · · ·

지극히 참다운 인간상
부처님상!

제13장 세속품世俗品(World)

隨時不興慢 快習於善法
수시불흥만 쾌습어선법
善法[71]善安寢 今世亦後世
선법 선안침 금세역후세

게으름을 피우지 말고 일어나라.
바른 법을 따라 정진하라.
바른 법을 닦는 자는 편안히 잔다.
금생에서도 또 내생에서도.
《법구경 168》

. . . .

깨달음에 꽃을 찾아 순례를 떠나는 운수행각의 길은,
진정한 전도傳道의 길이다.

---

71) 착한 일. 선한 행위. 도리에 따르고 자타를 이익되게 하는 법. 세상의 선법. 오계 십
선을 말함.

當觀水上泡 亦觀幻野馬
당관수상포 역관환야마
如是不觀世 亦不見死王
여시불관세 역불견사왕

세상을 물거품 같이 보고,
또 아지랑이 같다고 보라.
이렇게 세상을 보는 사람은
죽음의 왕을 보지 않는다.
《법구경 170》

. . . .

남아있는 사람들의 마음속에 살면
죽어도 결코 죽는 것이 아니다. (토머스 캠벨)

人前爲過 後止不犯

인전위과 후지불범

是照時間 如月雲消

시조시간 여월운소

사람이 이전에 잘못이 있더라도

다시 잘못을 짓지 않으면,

구름을 벗어난 달처럼

그는 능히 세상을 밝게 비추리.

《법구경 172》

. . . .

오늘!

"오늘은 당신에게 남은 인생의 첫날이다."

夫求爵位財 尊貴升天福

부구작위재 존귀승천복

辯慧世間悍 斯聞爲第一

변혜세간한 사문위제일

온 천하를 통치하는 것보다도,

천상의 복을 받는 것보다도,

온 세상의 임금 자리보다도,

성스러운 길로 가는 것이 낫다.

《법구경 178》

. . . .

오직 다른 사람을 위해서

산 인생만이 가치 있는 삶이다. (알버트 아인슈타인)

제14장 불타품佛陀品(The BUDDHA)

決網無罣碍 愛盡無所積
결강무괘애 애진무소적
佛智深無極 未踐迹令踐
불지심무극 미천적령천

유혹하는 욕망의 그물을 끊고
사랑의 유혹에 끌리는 일이 없는,
지혜와 식견識見[72]이 한량없는 깨친 불타를
누가 그릇된 길로 이끌겠는가?
《법구경 180》

· · · · · · · · · · · · · · · ·

욕망이 이 세상 모든 생명을 꿈틀거리게 하지만, 조절에 따라서
여유와 행복을 가질 수 있다. (소욕지족少欲知足)

---

72) 보고 아는 것. '보다'라는 인식은 식識이 행하는 것이지 감각기관이 행하는 것이 아
니라는 주장.

得生人道難 生壽亦難得

득생인도난 생수역난득

世間有佛難 佛法⁷³⁾難得聞

세간유불난 불법 난득문

사람으로 태어나기 어렵고,

오래 살기 어렵다.

부처님 계시는 세상에 나기 어렵고

그 부처님 법을 듣기 어렵다.

《법구경 182》

· · · · · · · · · · · · · · · ·

성인의 계를 범하지 말라.

성인의 계를 지켜라.

이것이 범부의 위대한 승리다.

諸惡莫作 諸善奉行

제악막작 제선봉행

自淨其意 是諸佛敎[74]

자정기의 시제불교

모든 악을 짓지 말고

모든 선을 받들어 행하라.

스스로 그 뜻을 깨끗이 하는 것,

이것이 모든 부처님의 가르침이다.

《법구경 183》

· · · · · · · · · · · · · · ·

불교는 불교를 배우는 것이 아니라

내가 나를 배우는 것이다.

자리이타自利利他의 삶을 살 수 있도록 해야 한다.

그것이 부처님의 가르침이다.

---

74) 부처님이 설한 가르침. 부처가 되기 위한 가르침. 부처님의 진리의 말. 석가모니불
께서 말씀하신 교법과, 그 발달하고 분파한 온갖 교리와 법문과 종지의 총칭. 성립成立
종교로서의 불교.

天雨七寶 欲猶無厭

천우칠보 욕유무염

樂少苦多 覺者爲賢

락소고다 각자위현

하늘이 칠보七寶[75]를 비처럼 쏟아진다 해도

사람의 욕망을 다 채울 수 없다.

즐거움은 순간이요, 괴로움이 많다고

어진 이는 이런 이치를 깨달아 안다.

《법구경 186》

. . . .

사람이 물질에 얽매여 살아가는 것은 고통이다.

사람이 물질에 종이 되지 말라.

물질은 본래 손해도 이익도 없다는 것을 깨달아야 한다.

깨달은 만큼 문제를 해결한다.

---

75) 불교에서 말하는 일곱 가지 보배. 무량수경의 (금, 은, 파리, 마노, 자거, 산호). 법화
경의 (금, 은, 마노, 유리, 자거, 진주, 매괴) 등이 있다.

生死極苦 從諦得度

생사극고 종제득도

度世八道 斯除衆苦

도세팔도 사제중고

생사의 고苦와 고의 원인인 집集과,

모든 고를 이미 떠난 멸滅과,

그 멸로 나아가는 여덟 가지 도道는

우리를 괴로움에서 해탈解脫[76]케 해준다.

《법구경 191》

. . . .

불교는 배우는 것,

열고 닫는 계율이기에 배우고

선정을 배워야 지혜를 얻어 비로소 열반에 갈 수 있다.

이것이 성불成佛이다.

---

76) 열반과 동의어. 일체의 번뇌와 속박을 벗어나 편안한 경지에 이르는 일. 생, 노, 병,
사 등에서 벗어남. 고통에서 벗어나 해방되는 것. 번뇌나 속박을 떠나 정신이 자유로워
지는 것. 평온한 경지. 득도. 생사를 떠나는 것.

諸佛興快 說經道快

제불흥쾌 설경도쾌

衆聚和快 和則常安

중취화쾌 화즉상안

부처님 나심은 즐거움이다.

진리를 설법하심은 즐거움이다.

교단의 화합도 즐거움이다.

대중이 화합하면 항상 편안하다.

《법구경 194》

. . . .

불교의 궁극적 목적은 중생들의 괴로움을 없애주는 것이다.

이 목적 달성은 깨달음을 통해서 이루어진다.

깨달음은 모든 괴로움이 사라진다.

그래서 대각, 원각, 정각이다.

士如中正 志道不慳
사여중정 지도불간
利哉斯人 自歸佛者
이재사인 자귀불자

사람이 만일 바르고 뚜렷하여
도심으로 욕심이 없으면
이 사람의 복덕은 한량없어서
부처님에게 스스로 귀의歸依⁷⁷⁾한 사람이다.
《법구경 196》

. . . .

귀의를 해야 믿음이 생긴다.
그냥 따라가면 미혹신, 맹신이다.
믿음이 생겨서 이해가 되어야
깨달음을 증득할 수 있다.

---

77) 귀명歸命이라고도 함. 훌륭한 사람에게 귀순하여 의지하는 것. 믿고 의지하는 것.
진심을 바치다. 다른 말로 신앙이란 뜻. 불법의 기본인 불, 법, 승의 삼보를 존중하는 것.

제15장 안락품安樂品(Happiness)

我生已安 不慍於怨
아생이안 불온어원
衆人有怨 我行無怨
중인유원 아행무원

원망 속에 살면서 노여움 없으면
내 인생은 편안하다.
서로 원망하는 사람들 속에서
나만이라도 원한 없이 살아가자.
《법구경 197》

. . . .

무아無我의 마음은 자신만의 해탈을 구하지 않는다.

증명證明되지 않는 이야기는 주장일 뿐이다.

부처님은 견성見性을 하라고 한 적이 없다.

성품性品이 없기에…

我生已安 淸淨無爲

아생이안 청정무위

以樂爲食 如光音天

이락위식 여광음천

맑고 깨끗하여 소유하지 않으니

내 생은 이미 편안하다.

하늘에 있는 광음천光音天[78]처럼

즐거움을 먹으며 살자.

《법구경 200》

. . . .

세상 사람들은 유용한 것의 쓰임은 알면서

무용한 것의 쓰임은 알지 못한다. (장자)

---

78) 극광정천極光淨天. 광요천光曜天. 이 천天이 말할 때 입으로부터 맑은 빛을 내어 그 빛
이 말이 된다고 한다.

勝則生怨 負則自鄙

승즉생원 부즉자비

去勝負心 無爭自安

거승부심 무쟁자안

승리는 원한을 가져오고

패자는 괴로워 누워 있다.

이기고 지는 모든 마음을 떠난 사람은

다툼이 없으므로 스스로 편안하다.

《법구경 201》

· · · · · · · · · · · · · · · ·

"미소는 만국 공통 어語이다."

無病最利 知足最富

무병최리 지족최부

厚爲最友 泥洹[79]最快

후위최우 니원 최쾌

병이 없는 것이 가장 큰 은혜요,

만족을 아는 것이 가장 큰 부자다.

가장 귀한 벗은 믿고 의지하는 것

가장 즐거움은 열반이다.

《법구경 204》

· · · · · · · · · · · · · · · ·

마음과 몸이 편안한 것이 도道다.

도는 자득이다.

79) 열반의 다른 이름. 번뇌를 불어서 꺼버린 깨달음의 경지. 편안함.

解知念待味 思將休息義

해지염대지 사장휴식의

無熱無饑想 當服於法味

무열무기상 당복어법미

번뇌를 떠나 혼자 고요히

진리의 맛을 느낀 사람은

음욕도 없고 탐심도 없어

마땅히 감로법甘露法[80]의 물을 마실 것이다.

《법구경 205》

. . . .

나는 슬퍼해도 자네는 슬퍼하지 말게,

나는 죽더라도 자네는 길게 살아다오.

일면불日面佛 월면불月面佛[81]

---

80) 법미法味. 부처님의 가르침을 말함. 아름답고 중생의 심신을 배양하는 것을 감로의
덕에 비유해 말함.

81) 『삼천불명경』의 가운데 있는 부처님의 이름으로 일면불은 수명이 1800세지만, 월
면불은 불과 일일일야—日—夜라고 함. 장명長命의 부처님과 단명短命의 부처님을 대조하
여 놓은 말.

제16장 애호품愛好品(Pleasure)

不當趣所愛 亦莫有不愛
부당취소애 역막유불애
愛之不見憂 不愛亦見憂
애지불견우 불애역견우

사랑하는 사람을 가지지 말라.
미워하는 사람도 가지지 말라.
사랑하는 사람은 못 만나서 괴롭고
미운 사람은 만나서 괴롭다.
《법구경 210》

· · · · · · · · · · · · · · · · ·

애별이고愛別離苦
사랑도 선업도 악업도 죽고 나면 업만 따라가고 남는다.

愛喜生憂 愛喜生畏

애희생우 애희생외

無所愛喜 何憂何畏

무소애희 하우하외

애착[82]에서 근심이 생기고

애착에서 두려움이 생긴다.

애착이 없으면 걱정이 없고

어찌 두려움이 있겠는가?

《법구경 214》

· · · · · · · · · · · · · · · ·

생겨도 생긴 법이 없고

사라져도 사라진 법이 없다.

부처님은 법이 없다는 것을 깨달았다.

있다, 없다는 생각이다.

색즉시공色卽是空!

82) 애착愛着: 갈애와 같음. 탐욕의 마음을 가지고 사물에 구애되는 것. 가까이 의지하
는 것. 남녀의 사랑에 집착하는 것.

貪欲生憂 貪欲生畏

탐욕생우 탐욕생외

無所貪欲 何憂何畏

무소탐욕 하우하외

탐욕에서 근심이 생기고
탐욕에서 두려움이 생긴다.
탐욕없는 곳에 근심이 없거니
어찌 두려움이 있겠는가?
《법구경 216》

. . . .

구하는 자유는 허망한 자유
버리는 자유는 진정한 자유
선택은 나만의 자유!
깨달음은 행복한 자유다.

好行福者 從此到彼

호행복자 종차도피

自受福祚 如親來喜

자수복조 여친래희

이 세상에서 즐거이 복을 짓고
이승에서 저승으로 가는 사람은
친척들의 환영을 받듯,
자기가 지은 복업福業[83]의 환영을 받는다.
《법구경 220》

. . . .

부처님 인연으로 아슬아슬하게 태어났으니
다음에는 반드시 지옥에 가야지.

---

83) 행복을 가져오는 선한 행위, 선행, 복전, 복덕을 생산하는 행위. 복을 생성하는 근원.

제17장 분노품忿怒品(Anger)

捨恚離慢 避諸愛貪
사에이만 피제애탐
不着名色 無爲滅苦
불착명색 무위멸고

성냄도, 교만도 버려라.
또한 애욕과 탐심을 버려라.
정신과 물질에 집착하지 않으면
고요하고 적정寂靜[84]해 괴로움이 없다.
《법구경 221》

. . . .

사람들이 행복하길 원한다면 자비를 실천하라.
당신이 행복하길 원한다면 자비를 실천하라. (달라이 라마)

---

84) 열반의 다른 이름. 깨달음의 세계. 고요한 것. 열반에서는 고통 없고 욕심 없고 일
체의 번뇌가 없고 심신心身이 적정한 것.

忍辱勝恚 善勝不善

인욕승에 선승불선

勝者能施 至誠勝欺

승자능시 지성승기

욕됨을 참아서 분심을 이기고

선행으로써 악을 이겨라.

보시布施⁸⁵⁾로써 인색함을 이기고

진실로써 거짓을 이겨라.

《법구경 223》

· · · · · · · · · · · · · · · ·

보시는 정신적 행복이다.

그러므로 인간관계의 행복을 가져온다.

세상을 떠날 때 나는 행복했습니다.

여러분도 행복하셔요!

외칠 수 있다.

---

85) 은혜를 베푸는 것. 육바라밀의 하나. 타인에게 기쁜 마음으로 재물을 주는 것. 돈
이나 물품을 주는 것뿐만 아니라, 친절한 행위도 보시임.

不欺不怒 意不多求

불기불노 의부다구

如是三事 死則上天

여시삼사 사즉상천

속이지 말고 성내지 말라.

많음을 구해 탐심을 내지 말라.

이 세 가지를 법다이 행하면

죽어서 곧 천상天上[86]에 나리라.

《법구경 224》

. . . .

잘못을 고치는 것은 뒤늦은 것이 아니다. (공자孔子)

86) 하늘의 세계. 하늘의 세계에 있어서, 신들의 세계. 천상은 육도六道의 하나. 하늘 위.

意常覺寤 明暮勤學
의상각오 명모근학
漏盡意解 可致泥洹
누진의해 가치니원

마음이 항상 깨어있어
밤낮으로 부지런히 공부하여,
마음의 더러움 다하고 깨달음이 생기면
그는 열반에 이를 것이다.
《법구경 226》

. . . .

분별의 강을 건너야 한다.
교만의 산을 넘어야 한다.
그리고 마음을 내려놓아라.
니르바나(열반)를 얻는다.

常守愼言 以護瞋恚

상수신언 이호진에

除口惡言 誦習法言

제구악언 송습법언

항상 내 입을 잘 지키자.

성내는 마음을 잘 지키라.

말에 의한 욕설辱說[87]을 떠나

법다운 말로써 익히자.

《법구경 232》

. . . .

행복한 사람이 되는 길은

자비로운 마음과 지혜로운 통찰로

선행을 실천함으로 행복을 얻을 수 있다.

---

[87] 남을 저주하거나 욕되게 하는 말. 추악한 말. 타인을 비방하는 욕은 양설. 십악의 하나. 구업口業.

節身愼言 守護其心
절신신언 수호기심
捨恚行道 忍辱最强
사에행도 인욕최강

몸을 지키고, 입을 지키고
또 안으로 마음을 지켜서,
모두 성냄을 버리고 도를 행하자.
지혜로운 자는 인욕심이 가장 강하다.
《법구경 234》

· · · · · · · · · · · · · · · ·
진실한 말은 요설이 필요 없다.

제18장   진구품塵垢品(Impurity)

當求智慧 以然意定

당구지혜 이연의정

去垢勿汚 可離苦形

거구물오 가리고형

너는 스스로 귀의처를 만들라.

부지런히 힘쓰고 지혜로워라.

마음에 더러움이 없는 사람은

거룩한 천상에 날 것이다.

《법구경 236》

. . . .

부처님은

일체중생은 실유불성悉有佛性이라 한다.

그래서 우리는 부처님처럼 살아갈 수 있는 존재다.

본성本性은 반야를 통해서 통찰되는 공성空性을 말한다.

惡生於心[88] 還自壞形

악생어심　환자괴형

如鐵生垢 反食其身

여철생구 반식기신

악은 사람의 마음에서 나서

다시 사람의 몸을 망친다.

마치 쇠에서 생긴 녹이

바로 그 쇠를 먹는 것처럼.

《법구경 240》

· · · · · · · · · · · · · · · ·

부처님은 괴로움을 소멸하는 길을 발견하셨다.

모든 생명들이 행복하게 살게 하는 방법을 제시하였다.

---

88)　심心이란 것은 사람의 몸에 깃들어서 지식, 감정, 의지 등의 정신 활동을 하는 것.
우주의 존재 일반에 대한 인간의 정신. 심왕心王, 심성心星이라고도 함. 사고思考의 기관.
육근六根의 하나. 의意.

人如覺是 不當念惡

인여각시 부당염악

愚近非法⁸⁹⁾ 久自燒沒

우근비법　구자소몰

사람들아, 마땅히 이것을 알라.

악은 자제하지 못함에서 온다.

법답지 않은 악을 멀리해

길이 스스로 고통을 받지 말라.

《법구경 248》

. . . .

　무릇 발자국이 신발에서 나온 바이지만

　발자국이 어찌 신발이겠느냐? (채근담)

89)　종교적 규범에 대한 위배. 도리에 벗어난 것. 부당한 행위나 방법.

虛空無轍迹 沙門無外道

허공무철적 사문무외도

世間皆無常⁹⁰⁾ 佛無我所有

세간개무상　불무아소유

허공에는 지나간 자국이 없고,

출가 사문에게는 다른 뜻이 없다.

현상계는 영원함이 없지만

부처님은 항상 계신다.

《법구경 255》

· · · · · · · · · · · · · · · · ·

복福은 깃털보다 가볍건만 싫어할 줄 못하고

화禍는 땅보다 무겁건만 피할 줄 알지 못한다. (장자 내편인간세)

90)　무상無常은 온갖 것들이 변해가며 조금도 머무르지 않는 것. 아무것도 정지하지 않
는 것. 고정되어 있지 않는 것. 언젠가는 없어지는 것. 변해감. 변화변천. 헛된. 덧없음.
영원성이 없는 것.

제19장 주법품住法品(The Righteous)

好經道者 不競於利
호경도자 불경어리

有利無利 無欲不惑
유리무리 무욕불혹

바른 도를 수행[91]하는 사람은
이익을 위해 다투지 않나니.
이익이 있거나 이익이 없거나
욕심이 없어 미혹하지 않는다.
《법구경 256》

. . . .

지인至人은 자기가 없고
신인神人은 공功이 없고
성인聖人은 이름이 없다. (장자 내편소요유)

---

91) 수행修行은 불도를 실천하는 것. 진리를 따라 정진하는 것. 진실 그대로 배우는 것.
노력하는 것. 지계持戒를 말함. 난행難行. 행하는 것.

所謂智者 不必辯言
소위지자 불필변언
無恐無懼 守善爲智
무공무구 수선위지

좋은 말을 한다고 해서
반드시 지혜로운 사람은 아니다.
두려움도 없고 미움도 없으며,
선행을 지키면 지혜로운 사람이다.
《법구경 258》

• • • • • • • • • • • • • • • •

살아가라.
사는 것이다.
그뿐이다.
그날까지!

謂懷諦法 順調慈仁

위회체법 순조자인

明達淸潔 是爲長老

명달청결 시위장로

진실한 법과 사랑으로

부드럽고 공정하고 사납지 않아,

이치에 밝고 마음이 깨끗한 사람을

그야말로 장로라 부를 것이다.

《법구경 261》

. . . .

너무 큰 걱정을 하는 것은 불행을 만드는 이유가 된다.

고통이 나를 붙잡고 있는 것이 아니다.

내가 그 고통을 붙잡고 있는 것이다. (석가모니)

所謂比丘[92] 非時乞食
소위비구 비시걸식
邪行婬彼 稱名而已
사행음피 칭명이이

이른바 비구란,
밥을 빌러 다닌다고 비구라 할 수 없다.
마음의 더러움이 그를 따르면
출가 수행자라 부를 수 없다.
《법구경 266》

. . . .

나의 마음이 밝으면 해가 뜨고
나의 마음을 접으면 달이 진다.

---

92) 비구比丘란 먹을 것을 구걸하는 자. 원래 바라문교에서 인생의 제4의 시기에 있는
편력 수행자를 비큐슈라 불렀지만 불교 시대에는 모든 종교를 통하여 탁발하는 수행자
를 비구라 호칭함. 걸사乞士, 포마怖魔, 파악破惡, 제근除饉, 근사남勤事男, 필추苾芻, 픽추愊芻,
비호比呼라 한역하는 경우가 있음. 추가 득도하여 구족계를 받은 남자를 말함.

謂心無爲[93] 內行淸虛

위심무위　내행청허

此彼寂滅 是爲仁明

차피적멸 시위인명

인과관계 없는 마음에서는

버릴 것도 가질 것도 없나니,

그는 양면 세계를 함께 이해하면

현자요 성자인 것이다.

《법구경 269》

· · · · · · · · · · · · · · · ·

있던 것은 지나가고

없던 것은 곧 돌아온다.

오직 자신에게 전념해라.

---

93)　무위無爲는 생멸변화生滅變化를 넘은 상주절대常住絶對의 진실. 만들어진 것이 아닌
것. 각종 원인 조건에 의해 생성된 것이 아닌 존재. 인과관계를 떠나있는 존재. 무한정한
것을 가리키는 말. 열반의 다른 이름. 현상을 떠난 절대적인 것. 소승의 아비달마 교학에
서는 허공무위虛空無爲, 택멸무위擇滅無爲, 비택멸무위非擇滅無爲의 3종류를 가르침. 대승불
교에서는 진여眞如 그 자체와 동일시됨. 유식설에서는 공空과 동일함. 자연 그대로로 작
위하지 않는 것. 아무것도 이루지 않는 것.

제20장 도행품道行品(The Way or The Path)

此道無有餘 見諦之所淨

차도무유여 견체지소정

趣向滅衆苦 此能壞魔兵

취향멸중고 차능괴마병

이 길은 곧 바른 길이다.

지견知見[94]을 맑게 하는 다른 길은 없다.

이 길로 나아가면 일체 괴로움을 멸하고

악마의 무리들을 쳐부수리라.

《법구경 274》

. . . .

군자는 움직이지 않아도 공경하고

말하지 않아도 믿는다. (중용)

---

94) 견해見解, 지혜智慧에 의해서 보는 것. 지식에 기초한 견해. 사물을 깨달아서 아는 견
해. 명행족明行足과 동일함.

一切行無常 如慧所觀察
일체행무상 여혜소관찰
若能覺此苦 行道淨其跡
약능각차고 행도정기적

형상이 있는 모든 것은 덧없다.
이렇게 지혜로써 깨달은 사람은
괴로움을 진실로 벗어나
청정한 길에 이른다.
《법구경 277》

· · · · · · · · · · · · · · · ·

만물이 다 나에게 구비되어 있다. (맹자)

慎言守意念 身不善不行
신언수의념 신불선불행
如是三行除 佛說是得道
여시삼행제 불설시득도

말을 삼가고, 뜻을 자제하며
몸으로 악한 행을 짓지 말라.
이 세 가지 업을 깨끗이 하면
도를 얻는다고 부처님께서 말씀하셨다.
《법구경 281》

. . . .

하나를 통하면 만사를 마치고
마음을 비우면 귀신도 복종한다. (도가귀감)

念應念則正 念不應則邪
염응염즉정 염불응즉사
慧而不起邪 思正道乃成
혜이불기사 사정도내성

생각이 바르면 지혜가 생기고
생각이 흩어지면 지혜를 잃나니,
이 두 갈래 길을 밝게 알아서
지혜를 따르면 도를 이룬다.
《법구경 282》

. . . .

부처님은 나를 본다고 준다고 하지만,
부처님은 나를 보지도 줄 수도 없다.
우리는 세속적 욕망을 주는 부처님으로 착각한다.

제21장 광연품廣衍品(Miscellaneous Verses)

施安雖小 其報彌大

시안수소 기보미대

慧從小施 受見景福

혜종소시 수견경복

작은 즐거움을 버리면

큰 즐거움을 얻을 수 있다.

지혜 있는 사람은 작은 즐거움을 버리고

큰 안락安樂[95]을 구할 것이다.

《법구경 290》

. . . .

부처님께서 가르치신 지혜는 유위법有爲法의 지혜다.

세간상의 지혜도 아니다.

탐진치貪瞋癡 삼독을 끊는 것이다.

그리고 철저하게 나를 버리는 것이다.

---

95) 마음의 편안함. 몸과 마음이 편안함. 아미타불의 극락정토의 다른 이름.

精進惟行 習是捨非
정진유행 습시사비
修身自覺 是爲正習
수신자각 시위정습

마땅히 할 일을 힘써 행하고
마땅히 버릴 일 힘써 버려서,
스스로 깨달아 이 몸 닦으면
바른 지혜는 날로 자라난다.
《법구경 293》

＇＇＇＇＇＇＇＇＇＇＇＇＇＇＇＇

분별이 만약 항상 있다면 진실은 곧 영원히 없으며,

분별이 만약 영원히 없다면 진실은 곧 항상 있다. (대승장엄경론)

善覺自覺者 是瞿曇弟子
선각자각자 시구담제자
晝夜當念是 一心念於法
주야당염시 일심염어법

언제나 깨어있어
그는 부처님의 제자다.
낮이나 밤이나 불법을 생각하고
한마음으로 불법에 예배한다.
《법구경 297》

· · · · · · · · · · · · · · · ·

보살행을 하면 지혜를 얻는다.
행복은 자비심과 이타행利他行에서 온다.

爲佛弟子 常寤自覺

위불제자 상오자각

日暮思禪 樂觀一心

일모사선 낙관일심

부처님의 제자는

항상 깨어있다.

밤낮으로 선정을 생각하고

마음공부에 선정禪定[96]을 즐긴다.

《법구경 301》

. . . .

불법은 다섯 종류 사람이 설한다.

1. 부처님께서 직접 설함이요.

2. 부처님 제자가 설함이요.

3. 선인仙人이 설함이요.

4. 제천諸天이 설함이요.

5. 화인化人이 설함이다. (대지도론)

96) 선禪과 그 의역인 정定이 합성해서 생긴 말. 차분한 마음으로 명상하는 것. 6바라밀의 제5. 마음의 번뇌를 가라앉히는 것. 명상. 정신 집중의 수련. 좌선해서 마음을 한 점에 한결같이 기울이는 종교적 명상, 사념을 없애는 것.

一坐一處臥 一行無放逸

일좌일처와 일행무방일

守一以正身 心樂居樹間

수일이정신 심락거수간

한 번 앉거나, 한 번 눕거나

한 번 행동함에 방일이 없이,

오직 하나를 지켜 자신을 다스리면

거리도 숲속인 듯 마음 즐겁다.

《법구경 305》

. . . .

인연으로 난 법은 이 이름이 공상公相이며

또한 이름이 가명假名이며

이름이 중도中道이다. (대지도론)

제22장 지옥품地獄品(The Downward Course)

妄語地獄近 作之言不作
망어지옥근 작지언부작
二罪後俱受 自作自牽往
이죄후구수 자작자견왕

거짓말하면 지옥에 간다.
거짓말을 하고도 하지 않았다 하면
두 겹의 죄를 함께 받나니,
목숨을 마쳐 지옥地獄[97]에 떨어진다.
《법구경 306》

· · · · · · · · · · · · · · ·

대열반경에 이르되 비색非色이란 것은
곧 이 성문과 연각의 해탈이며 색이란 것은
곧 제불 여래의 해탈이다. (만선동귀집)

---

97) 고통이 가득한 세계. 죄업의 결과로서 받게 된 생존 상태 및 환경. 삼악도三惡道, 오취五趣, 육도六道, 십계十界, 무간지옥無間地獄, 극열지옥極熱地獄, 염열지옥炎熱地獄, 대규지옥大叫地獄, 호규지옥號叫地獄, 중합지옥衆合地獄, 흑승지옥黑繩地獄, 팔한지옥八寒地獄 등.

常行所當行 自持必令強
상행소당행 자지필령강
遠離諸外道 莫習爲塵垢
원리제외도 막습위진구

마땅히 할 일은 행하라.
스스로 믿어 굳건히 행하고
어리석고 삿된 외도를 멀리 떠나서
번뇌를 쌓지 말라.
《법구경 313》

. . . .

유심有心하면서 평등함이
무심無心하면서 평등치 않음만 같지 못하다. (종용록)

如備邊城 中外牢固

여비변성 중외우고

自守其心 非法不生

자수기심 비법불생

行缺致憂 令墮地獄

행결치우 영타지옥

변방의 성을 쌓아

안과 밖을 함께 굳건히 지키듯,

스스로 그 마음을 잘 지키어

악한 마음을 생기게 하지 말라.

마음에 작은 틈이 생기면

지옥에 떨어져 후회하리라.

《법구경 315》

· · · · · · · · · · · · · · · ·

나와 나 아닌 것의 분별이 사라지는 것,

다른 사람의 괴로움을 나의 괴로움으로 공감해야 부처가 된다.

나와 세계는 둘이 아니라는 것을 알지 못한다.

可畏不畏 非畏反畏

가외불외 비외반외

信向邪見 死墮地獄

신향사견 사타지옥

두려워할 것을 두려워하지 않고

두려워 않을 것을 두려워해서,

그릇된 소견을 믿고 살기 때문에

죽어 저승에서 지옥에 떨어진다.

《법구경 317》

. . . .

도를 배우는 사람이 직하直下에 무심하지 못하면

비록 진겁塵劫을 지나더라도 성도聖道를 이루지 못하거니와

만약 능히 직하에 무심하면 곧 이 구경究竟이다. (직지심체)

可近則近 可遠則遠

가근즉근 가원즉원

恒守正見 死墮善道

항수정견 사타선도

가까이할 것을 가까이하고,

멀리할 것을 멀리해서

언제나 바른 소견 가지면

죽어 저승에서 좋은 세계에 난다.

《법구경 319》

· · · · · · · · · · · · · · · ·

부처님께서는 참나가 몸 안에 있지 않다는 것을 깨달았다.

무심으로!

제23장 상유품象喩品(The Elephant)

譬象調正 可中王乘

비상조정 가중왕승

調爲尊人 乃受誠信

조위존인 내수성신

훈련이 잘된 코끼리가

임금님을 태우는 것처럼,

비난을 참아 스스로 단련된 사람은

사람 가운데 훌륭한 사람이다.

《법구경 321》

. . . .

사람마다 현전現前하는 일념이

곧 이 일법一法일새 고로 이르되 말한 바 법이란 것은

이르자면 중새의 마음이다. (절요)

沒在惡行者 恒以貪自繫

몰재악행자 항이탐자계

其象不知厭 故數入胞胎

기상부지염 고수입포태

모든 악행에 빠져 있는 사람은

항상 탐욕으로 스스로 잡아매어,

살찐 짐승처럼 떠날 줄 몰라

몇 번이고 포태로 드나들며 윤회한다.

《법구경 325》

. . . .

진공眞空이란 것은

유有를 위배치 않는 공空이며

묘유妙有란 것은 공을 위배치 않는 유有니라. (도서)

生而有利安 伴軟和爲安

생이유리안 반연화위안

命盡爲福安 衆惡不犯安

명진위복안 중악불범안

좋은 곳에 나는 것은 기쁜 것이다.

어려울 때 도반이 있어 기쁜 것이다.

복을 쌓아두면 죽을 때 기쁘고

많은 악업을 짓지 않아 기쁜 것이다.

《법구경 331》

. . . .

고기가 변하여 용이 되더라도

그 비늘을 바꾸지 않고 범부를 고쳐 성인이 되더라도

그 질문을 바꾸지 않는다. (서장)

人家有母樂 有父斯亦樂

인가유모락 유부사역락

世有沙門樂 天下有道樂⁹⁸⁾

세유사문락 천하유도락

집에 어머니 계시니 즐거움이다.

또한 아버지 계시니 즐거움이다.

이 세상에 수행자 있어 즐거움이다.

천하에 진리가 있어 즐거움이다.

《법구경 332》

. . . .

번뇌를 끊음은 이름이 이승二乘이요.

번뇌가 생하지 않음은 이름이 대열반이다. (선가귀감)

98) 도락道樂은 도道를 이해하고 스스로 즐거워함. 도를 구하려는 바람.

제24장 애욕품愛欲品(Or Craving)

以爲愛忍苦 貪欲着世間
이위애인고 탐욕착세간
憂患日夜長 筵如蔓草生
우환일야장 연여만초생

누구나 독한 애정의 욕심을
그대로 거기에 집착하면,
근심과 걱정의 독이 날로 자라나니,
바라나[99] 넝쿨이 무성하게 자라듯.
《법구경 335》

. . . .

물物에는 본말本末이 있고 사事에는 종시終始가 있다.
선후先後한 바를 알면 도道에 가깝다. (대학)

---

99) 바라나(Brana): 열대지방에 나는 풀.

爲道行者 不與欲會
위도행자 불여욕회

先誅愛本 無所植根
선주애본 무소식근

勿如刈葦 令心復生
물여예위 영심부생

도에 뜻을 두어 행하는 사람은
절대 애욕을 일으키지 말라.
먼저 애욕의 근본을 끊어
그 뿌리를 심지 말고,
저 갈대를 베는 것처럼 하여
다시는 마음을 나게 하지 말라.
《법구경 337》

．．．．．．．．．．．．．

희언希言은 자연自然이니 표풍飄風은 종조終朝하지 않고 취우驟雨
는 종일終日하지 않는다. (도덕경)

夫從愛潤澤 思想爲滋蔓

부종애윤택 사상위자만

愛欲深無底 老死是用增

애욕심무저 노사시용증

쾌락과 애욕만 따르면

애욕의 수렁창은 깊어만 간다.

거기에 빠져 헤어날 길이 없이

생사의 수레바퀴 돌고 돈다.

《법구경 341》

. . . .

아침에 도를 들으면 저녁에 죽더라도 좋으니라.

남이 나를 알지 못함을 염려 말고 남을 알지 못함을 염려하라.

(논어)

捨前捨後 捨間越有

사전사후 사간월유

一切盡捨 不受生死

일체진사 불수생사

과거도 미래도 버려라.

현재의 이 몸도 생각도 말라.

마음에 걸리는 모든 것을 버리면

생사의 괴로움을 받지 않는다.

《법구경 348》

. . . .

일성一性은 무성無性이니 곧 이 불성佛性이니라. (화엄현담)

無欲無有畏 恬淡無憂患

무욕무유외 념담무우환

欲除使結解 是爲長出淵

욕제사결해 시위장출연

애욕을 떠나 두려움 없고

마음속에 걱정이나 근심 없으며,

번뇌의 속박을 풀어 버리면

생사의 바다를 길이 떠나리.

《법구경 351》

. . . .

불교는 지혜의 종교이다.

지혜란 있는 그대로 정확하게 알 수 있는 게 지혜다.

일어나는 현상을 주체적으로 바르게 아는 것.

若覺一切法 能不着諸法
약각일체법 능불착제법
一切愛意解 是爲通聖意
일체애의해 시위통성의

모든 것을 이기고, 모든 것을 깨달아,
모든 것을 버려 집착을 여의고,
애욕이 다해 해탈한 사람,
그는 이미 성자의 길에 든 사람이다.
《법구경 353》

. . . .

불교의 특징은 인간의 마음을 각자가 운용하여
내가 행복해지는 것, 그것이 깨달음이다.

衆施經施勝 衆味道味勝

중시경시승 중미도미승

衆樂法樂勝 愛盡勝衆苦

중락법락승 애진승중고

모든 보시중 경전 보시가 제일이요,

모든 맛 중에 도의 맛이 제일이요,

모든 즐거움 중에 법의 즐거움이 제일이요,

애욕愛慾[100]을 다함은 모든 괴로움을 이긴다.

《법구경 354》

• • • • • • • • • • • • • • • •

거짓이 내 나라를 죽인 원수구나. (도산 안창호)

---

100) 애愛는 탐내는 것이란 뜻. 친애. 욕慾은 탐내는 것이란 뜻. 깊이 사랑하는 것. 관의 대상을 향락하는 것. 맹목적인 충동. 성애를 향락하는 것. 번뇌와 같음.

제25장 비구품比丘品(The Mendicant Friar)

端目耳鼻口 身意常守正
단목이비구 신의상수정
比丘行如是 可以免衆生
비구행여시 가이면중생

이목구비를 자제하는 것은 선한 일이다.
몸과 뜻을 자제하는 것은 선한 일이다.
만일 수행승이 있어 이렇게 하면
그는 모든 고통을 면할 것이다.
《법구경 361》

· · · · · · · · · · · · · · ·

하늘도 땅도 양도 음도 사귀어 서로 배워 나태하지 않기 때문에
소이로 만물을 이룬다. (치문)

樂法欲法 思惟安法

낙법욕법 사유안법

比丘依法 正而不費

비구의법 정이불비

만일 비구가 법을 즐기고

그 법에 머물고, 법을 항상 생각하고,

법 따라 행해 거기에 편안하면

그는 바른 법에서 벗어나지 않는다.

《법구경 364》

· · · · · · · · · · · · · · · ·

무릇 있음과 없음은 마음의 영향影響이요.

언설言說과 형상形像은 영향의 반연攀緣이다. (조론)

無禪不智 無智不禪
무선부지 무지불선
道從禪智 得至泥洹
도종선지 득지니원

선정이 없으면 지혜를 얻지 못하고
지혜 없으면 선정이 되지 않는다.
선정과 지혜를 갖춘 사람은
이미 열반涅槃[101]에 이르느니라.
《법구경 372》

· · · · · · · · · · · · · · · ·

행복은 어제도 내일에 있지 않다.
바로 지금 여기에 있다.

101) 해탈과 같음. 번뇌의 불을 끈 상태.

我自爲我 計無有我

아자위아 계무유아

故當損我 調乃爲賢

고당손아 조내위현

나는 나의 주인 이다.

나 외에 따로 주인이 없다.

그러므로 마땅히 나를 잘 보살피라.

마치 말을 다루는 조련사처럼.

《법구경 380》

. . . .

만약 사람이 유무有無를 보거나 자성과 타성을 본다면

이와 같은즉 불법의 진실한 뜻을 보지 못한다. (중론)

喜在佛教 可以多喜
희재불교 가이다희
至到寂寞 行滅永安
지도적막 행멸영안

부처님 가르침에 믿음이 있어
기쁨과 즐거움이 충만한 비구는,
저 고요한 열반에 이르러
욕망이 쉬어 길이 편안하리라.
《법구경 381》

. . . .

시방의 큰 허공도 자기의 마음 안에서는 오히려 한 점의 구름이
생生함 같고, 백천百千의 큰 바다도 본각本覺 가운데로 향하여서
는 오히려 한 방울의 거품이 일어남과 같다. (종경록)

제26장 바라문품婆羅門品(The Brahmin)

截流而渡 無欲如梵

절류이도 무욕여범

知行已盡 是謂梵志

지행이진 시위범지

애욕의 흐름을 끊어

모든 욕망을 떠나라, 바라문이여.

모든 지어진 것은 사라진다는 것을 알면

생사가 없는 진리에 들어가리라.

《법구경 383》

· · · · · · · · · · · · · · ·

대도가 늘 목전에 있나니 비록 목전에 있으되 보기 어렵도다.

만약 도의 진체真體를 깨닫고자 한다면

성색언어聲色言語를 제하지 말라.

언어가 곧 이 대도이므로 번뇌를 제함을 빌리지 않느니라.

(전등록)

思惟無垢 所行不漏
사유무구 소행불루
上求不起 是謂梵志
상구불기 시위범지

탐심을 떠나 고요히 생각하고
수행자가 법에 머물러 힘써서,
최상의 깊은 뜻을 깨달은 자를
나는 그를 불러 '바라문'이라 한다.
《법구경 386》

. . . .

무명無明을 고요히 비추니 명明 아님이 없거늘 어찌 치암痴闇을
멸하고서 지혜 밝음을 얻으리요. (원돈성불론)

身口與意 淨無過失
신구여의 정무과실
能攝三行[102] 是謂梵志
능섭삼행　시위범지

몸이나 입이나 뜻이
깨끗해서 허물을 범하지 않아,
이 세 가지를 자제한 이를
나는 그를 '바라문'이라 한다.
《법구경 391》

. . . .

법은 곧 일종一種이지만 봄(見)에 느리거나 빠름이 있느니라.
무엇을 이름하여 돈점頓漸이라 하는가, 법엔 돈점頓漸이 없건만
사람에 이둔利鈍이 있을새 고로 이름이 돈점이다. (법보단경)

---

102)　삼행三行은 신구의身口意 삼업三業을 말함. 몸으로 하는 것과, 업으로 말하는 것, 마음으로 생각하는 것, 이 세 가지로 일체의 생활 활동이 이루어진다.

絶諸可欲 不婬其志
절제가욕 불음기지
委棄欲數 是謂梵志
위기욕수 시위범지

세상에 구하는 욕망을 끊고
그 뜻의 집착에서 벗어나
모든 두려움을 떠난 사람,
나는 그를 '바라문'이라 한다.
《법구경 397》

. . . .

빈 자루는 똑바로 설 수 없다. (벤저민 프랭클린)

覺生爲苦 從是滅意
각생위고 종시멸의
能下重擔 是謂梵志
능하중담 시위범지

이 생의 괴로움을 깨달아
마음속의 탐욕심을 버려,
능히 무거운 짐을 내려놓은 사람,
나는 그를 '바라문'이라 한다.
《법구경 402》

. . . .

시간이 무엇인가?
시간이 생각의 개념으로 자기가 만든 것이 시간이다.

於罪與福 兩行永除
어죄여복 양행영제
無憂無塵 是謂梵志
무우무진 시위범지

선과 악을 함께 여의어
그 어느 것에도 집착이 없어,
슬픔도 욕망도 떠난 사람,
나는 그를 '바라문'이라 한다.
《법구경 412》

. . . .

마음의 근본을 보는 것은
허망심을 쉬고 지혜심을 여는 것.
일심은 무형이라 무형으로 들어가는 것.

所生已訖 死無所趣

소생이흘 사무소취

覺安無依 是謂梵志

각안무의 시위범지

이승에 태어날 종자가 끊어지고

저승에 떨어질 종자도 부서져,

의지함이 없는 깨달은 사람,

나는 그를 '바라문'이라 한다.

《법구경 419》

. . . .

모든 색형色形을 보면서 마땅히 모든 색을 여의며

늘 모든 색을 보면서 모든 색을 멀리 여윈다면

이 같은 보살은 이름이 천안天眼을 얻었음이다. (상주천자소문경)

于前于後 乃中無有
우전우후 내중무유

無操無捨 是謂梵志
무조무사 시위범지

이전에도, 나중에도, 지금도
그는 아무것도 가지지 않는다.
집착도 없고, 무소유인 그 사람,
그를 나는 '바라문'이라 한다.
《법구경 421》

. . . .

모든 법은 인연으로 생기고
모든 법은 인연으로 사라진다.

『법구경法句經』은 즉 진리의 말씀이란 뜻이다.

원전은 팔리어 5니카야의 소부에 찾을 수 있으나 우리나라에 있는 『법구경』은 전26장 423의 시를 수록한 팔리어 본의 국역과, 전39장으로 구성된 한역의 두 가지가 있다. 이 경은 한마디로 시집으로 되어있다. 이러한 시들은 붓다가 직접 읊은 것은 아니지만 붓다의 요긴한 뜻이 시의 형태로 엮어져서 원시불교에서 널리 유포되고 있었다.

3~4세기경에 사람들이 편집했다고 생각된다. 이 경은 불교의 윤리적 교의를 시의 형태를 나타내어 불도에 입문하는 지침으로 하고 있었다. 방대한 불교 경전 중 가장 오래된 것으로 붓다의 진리를 전하는 주옥같은 문자로서 진중珍重 되고 있어서 세계 불교인에게 가장 많이 애송되었다고 한다. 붓다의 심금에서 바로 울려 나오는 진리의 말씀으로써 불교 본의本義를 단도직입적으로 이해하기에 가장 쉽고 적당할 것이다.

『법구경』은 붓다의 말씀을 모아 엮은 사람은 인도의 법구法救다.

한문으로 번역한 사람은 오나라 유기난 등이라고 전해지고 있다. 시기는 자세하지 않지마는, 붓다가 열반하신 뒤 약 400년쯤으로 어림잡고 있다.

◆ 나는 출가 전부터 지금까지도 법구경의 견줄 데 없는 큰 사상과 동시에 청아하고 간결하며, 심오한 말씀들을 암송하면서 수행의 나침반이 되기도 하였다.

이 『법구경』을 항상 곁에 두고 읽으면, 자신도 모르는 사이에 어떤 지혜의 얻음이 있을 것으로 확신해 본다.

불교에서는 모든 생명을 서로 연결되어 있는 유기적 관계로 본다. 연기적 세계관에서 볼 때 모든 존재는 하나로 연결되며, 궁극적으로 불살생과 자비 구현으로 이어지게 된다. 서로를 죽이는 행위는 자기를 죽이는 행위가 되며, 생명을 가볍게 여긴다면 결국엔 세상을 파괴하는 결과를 초래하게 된다. 이런 이유로 부처님은 살생을 금지했다. 그리고 계율에 불살생의 계율을 강조하였다.

❖ 이 경의 요지는 '어떻게 믿어야 하는가'와 '어떻게 살아야 하는가' 이 두 가지 문제로 귀결된다고 할 수 있다.

❖ 부처님의 본뜻이 시의 형태로 잠언이나, 지혜의 말씀과 같은 게송이다. 그리고 이해하기 쉬운 내용을 담고 있다.

법화경

『묘법연화경 妙法蓮華經』

(요진姚秦 구마라습鳩摩羅什[103] 역譯)

空則是相如 假則如是相 中則相如是
공즉시상여 가즉여시상 중즉상여시

공空은 곧 시상여是相如며, 가假는 곧 여시상如是相이며, 중
中은 곧 상여시相如是이니라.

(卷第一 方便品)

---

103) 구라마습(343~413)은 인도 승려. 구마라염鳩摩羅炎을 아버지로, 구자국龜兹國왕의
누이동생 기바耆婆를 어머니로 구자국에서 태어났다. 부모의 이름을 합하여 그 이름으
로 하다. 7세 때 출가, 어머니를 따라 여러 곳을 돌아다님. 인도 북쪽 계빈罽賓에서 반두
달다槃頭達多에게 소승교를 배우고, 소륵국疏勒國에서 는 수리야소마須梨耶蘇摩에게 대승교
를 배우고, 구자에 돌아 와서는 비마라차卑摩羅叉에게 계율을 배웠다. 이때부터 구자에
있으면서 대승불교를 선포, 383년에 진왕秦王 부견苻堅이 여광呂光을 시켜 구자국을 치게
되자, 여광은 구마라습과 함께 양주涼州로 왔으나 부견이 패하였다는 말을 듣고 자기가
임금이 된다. 그 뒤 후진의 요흥姚興은 양涼을 쳐서(401) 구마라습을 데리고 장안長安에
돌아와서 국빈으로 대우, 서명각西明閣과 소요원逍遙園에서 여러 불교경전을 번역케 하다.
성실론成實論. 십송율十誦律. 대품반야경大品般若經. 묘법연화경妙法蓮華經. 아미타경阿彌陀經. 중
론中論. 십주비바사론十住毘婆沙論 등 경율론 74부 380여 권을 번역함. 특히 삼론三論의 중
관中觀 개조로 제자 3천인 가운데 도생道生, 승조僧肇, 도융道融, 승예僧叡 등을 습문什門의
사철四哲이라 부른다. 그는 74세가 되는 413년 8월 장안 대사에서 입적하였음.

以一實相印一切法 如所謂山河大地一法所印
이일실상인일체법 여소위산하대지일법소인

한 실상으로써 일체법을 인印치나니 이른바 산하대지
가 일법으로 인친하는 바와 같느니라.

(卷第一 方便品)

諸法從本來 常自寂滅相
제법종본래 상자적멸상
佛子行道已 來世得作佛
불자행도이 내세득작불

모든 존재는 본래 항상 스스로 고요하다.
불자가 도를 닦으면 내세에는 부처를 이루리라.

(卷第一 方便品)

若人散亂心 入於塔廟中

약인산란심 입어탑묘중

稱南無佛 皆已成佛道

칭나무불 개이성불도

어떤 사람이 산란한 마음이라도 탑묘 중에 들어가
한 번 나무불을 염송하면 다 이미 불도를 성취할 수 있다.

(卷第一 方便品)

是法住法位 世間相常住 參羅萬像皆卽實相也

시법주법위 세간상상주 삼라만상개즉실상야

山河大地當體眞常也

산하대지당체진상야

이 법이 법의 자리에 머물면서 세간의 모양으로 늘 머문다.
삼라만상이 다 곧 실상이며 산하대지도 당체當體[104]가 불
변의 도이다.

(卷第一 方便品)

104) 있는 그대로의 본성. 즉 그 본체를 가리킴. 본체.

菩薩必信 聲聞或信 衆生不信 所謂上士聞道
勤而行之
보살필신 성문혹신 중생불신 소위상사문도
근이행지
中士聞道若存若亡 下士聞道大笑而已
중사문도약존약망 하사문도대소이이

보살은 반드시 믿고 성문은 간혹 믿고 중생은 믿지 않
으니 이른바
　상근기는 도를 들으면 부지런히 행하고, 중근기는 도를
들으면 혹 있음인가 혹 없음인가 하고, 하근기는 도를 들으
면 크게 웃고 만다.

　(卷第三 化城喩品)

大通智勝佛 十劫坐道場 佛法不現前 不得成佛道
대통지승불 십겁좌도량 불법불현전 부득성불도

대통지승불[105]이 십겁十劫 동안 도량에 앉았으나
불법이 하지 않아서 불도 이름을 얻지 못하였다.

(卷第三 化城喩品)

若佛久住於世 薄德之人不種善根 貪窮下賤
貪著五欲
약불구주어세 박덕지인불종선근 탐궁하천
탐저오욕
入於憶想妄見綱中 若見如來常在不滅 便起憍恣
而懷厭怠
입어억상망견강중 약견여래상재불멸 편기교자
이회염태
不能生難遭之想恭敬之心
불능생난조지상공경지심

---

105) 대통중혜大通衆慧라고 번역함. 3천 진점겁塵點劫 전에 세상에 나신 부처님의 이름.
아촉, 아미타, 석가 등 16부처님은 이 부처님이 세상에 있을 적에 왕자였다고 한다. 『법
화경』에서 말한다.

만약 부처님께서 영구히 세상에 머무신다면 박덕한 사람은 선근을 심지 않고, 빈궁하고 천한 사람은 오욕에 탐착하여 허망한 망상의 견해에 들어 가니라.

만약 여래께서 늘 계시고 멸하지 않으심을 본다면 문득 교만과 방자함을 일으켜 나태와 싫어함을 품어 능히 만나기 어렵다는 생각과 공경하는 마음을 내지 않느니라.

(卷第五 壽量品)

爲度衆生故 方便現涅槃 而實不滅度 常住此說法
위도중생고 방편현열반 이실불멸도 상주차설법

중생을 제도하기 위함인 고로 방편으로 열반을 보이시지만 실은 멸도하지 않고 늘 여기에 머무시며 법을 설하신다.

(卷第五 壽量品)

常在此不滅 以方便力故 現有滅不滅 餘國有衆生
상재차불멸 이방편력고 현유멸불멸 여국유중생
恭敬信樂者 我復於彼中 爲說無上法 汝等不聞此
공경신락자 아부어피중 위설무상법 여등불문차

但謂我滅度 敬信之心如聲 說法之慈如響

聲有彼此

단위아멸도 경신지심여성 설법지자여향

성유피차

響無生滅 但應於彼 如此不聞 故謂之滅耳

향무생멸 단응어피 여차불문 고위지멸이

盖聖人雖有權應之跡 實無權應之心 如響而已

개성인수유권응지적 실무권응지심 여향이이

늘 여기에 있어 멸하지 않건마는 방편력을 쓰는 연고로 멸과 불멸이 있음을 보인다.

여타의 국토에 공경하고 믿고 즐기는 중생이 있으면 내가 다시 그 가운데에서 위 없는 법을 설하지만, 너희 등이 여기에서는 듣지 못하므로 다만 내가 멸도滅度[106]하였다 한다.

공경하고 믿는 마음은 소리와 같고 법을 설하는 자비는 메아리 같나니 소리는 피차가 있으나 메아리는 생멸이 없다.

---

106) 열반. 깨달음. 깨달음의 경계. 도度는 피안彼岸에 건너다의 뜻. 생, 노, 병, 사 등의 육체적인 큰 번뇌가 영구히 사라지고, 욕欲, 유有, 견見, 무명無明의 4가지 흐름을 뛰어넘는 것을 말함. 없어지는 것. 입멸. 열반의 이명異名이지만, 응신불應身佛의 열반에 드는 바의 멸도滅度이다.

다만 저기에 응하므로 혹 여기에서는 듣지 못할새 고로 이르되 멸도 하였다. 하나니 대개 성인이 비록 권능으로 응하는 자취는 있으나 실로 권능으로 응하는 마음은 없으니 메아리와 같을 따름이다.

(卷第五 壽量品)

大火所燒 此土安隱 其何土耶 即實報淨土 亦
曰性土也
대화소소 차토안은 기하토야 즉실보정토 역
왈성토야
言常在靈山 即不難娑婆化土而能不壞者 報
化一土尒
언상재영산 즉불난사바화토이능불괴자 보
화일토이
依妄業所現故有 成與壞 依實報所現故無成與壞
成壞之相
의망업소현고유 성여괴 의실보소현고무성여괴
성괴지상

楞嚴所謂別業妄見 譬如目眚 妄見燈影 彼非眚人
雖同不見

능엄소위별업망견 비여목생 망견등영 피비생인
수동불견

所以衆生見燒而我常安隱也 自我求之 所謂性土
不離自性

소이중생견소이아상안은야 자아구지 소위성토
불이자성

所謂靈山不離已靈 非形非器故劫火莫燒 亘古亘
今故常在不滅

소위영산불이이영 비형비기고겁화막소 긍고긍
금고상재불멸

達斯妙旨則壽量淨土等事 皆備於我而不疑於佛矣
달사묘지즉수량정토등사 개비어아이불의어불의

큰불에 타는 바라도 이 국토는 평안하다 하시니 그 어
떤 국토인가 하면 곧 실보정토實報淨土며 또한 말씀이 성토性
土니라.

늘 영취산에 계시어 곧 사바화토를 떠나지 않고서도 능
히 파괴되지 않는다고 말한 것은 실보정토와 사바화토가
일토인데 망업에 의하여 나타나는 바인 연고로 이루어짐과 붕괴됨이 있다. 실보實報에 의하여 나타나는 바이다.

고로 이루어짐과 붕괴됨이 없느니라.

성괴成壞의 모양은 능엄경에서 이른바 별업으로 망념되어 봄이니

비유컨대 눈에 백태가 끼이면 망념되어 그림자를 보지만

저 눈에 백태가 끼지 않은 사람은 비록 한 가지이나 보지 않음과 같을새,

중생은 타는 것을 보지만 나는 늘 평안하다고 하신다.

나로부터 구하면 이른바 성토性土가 자성을 여의지 않음이며 이른바 영산이 자기의 영靈을 여의지 않음이니

형形도 아니며 기器도 아닌 연고로 겁화가 태우지 못하며

옛날에도 뻗쳤고 지금도 뻗친 연고로 늘 불멸이다.

이 묘한 취지를 요달한즉 수량과 정토 등의 일이다.

나에게 갖추어졌으므로 부처님을 의심치 않으리라.

(卷第五 壽量品)

若善男子善女人 聞我說壽命長遠 深心信解
약선남자선여인 문아설수명장원 심심신해

則爲見佛常在耆闍崛山 共大菩薩諸聲聞衆

圍繞說法

즉위견불상재기사굴산 공대보살제성문중

위요설법

生滅見盡則眞常之相觸目宛然 又見此娑婆世界

其地琉璃

생멸견진즉진상지상촉목완연 우견차사바세계

기지유리

坦然平正 閻浮檀金 以界八道 寶樹行列 諸臺樓觀

탄연평정 염부단금 이계팔도 보수행열 제대누관

皆悉寶成 其菩薩衆 咸處其衆 穢淸淨忘則勝妙之

境奉步皆是

개실보성 기보살중 함처기중 예청정망즉승묘지

경봉보개시

만약 선남자 선여인이 내가 수명이 장원하다고 설함을
듣고서 깊은 마음으로 믿고 이해한다면 곧 부처가 늘 기사
굴耆闍崛[107]에 있으면서 대보살과 모든 성문의 무리와 함께

---

107) 기사굴산. 산의 이름. 독수리가 사는 산. 독수리와 닮았기 때문이라고 함. 영취산
靈鷲山. 마갈타국의 수도 왕사성王舍城의 동북쪽에 있는 산. 석존이 설법했던 곳.

빙 둘러서서 설법함을 보는 것과 같다. 생멸의 견해가 다한
즉 진상眞常 의 모양이 눈 닿는 대로 완연하다. 또 이 사바세
계를 보니 그 땅이 유리라서 평평하고 그리하여 평정하며
염부단금閻浮檀金으로 써 팔도를 경계하며 보배숲이 줄지어
있고 모든 누대와 누관도 모두 다 보배로 이루어졌으며 그
보살 무리도 다 그중에 거처하니라.

더럽다. 깨끗하다. 하는 생각을 잊은즉 승묘勝妙한 경계
가 발을 들 적마다이니라.

(卷第五 分別功德品)

依悲觀慈觀應物之德言之故號觀世音
의비관자관응물지덕언지고호관세음
依眞觀淨觀照心之功言之故號觀自在
의진관정관조심지공언지고호관자재
自一心而出 應無不遍則謂之普門 自萬物而反照
자일심이출 응무불편즉위지보문 자만물이반조
無不融則謂之圓通 其實一而已
무불융즉위지원통 기실일이이

비관자관悲觀慈觀으로 중생에 응하는 덕에 의하여 말하는 고로 이름이 관세음이며,

진관정관眞觀淨觀으로 마음을 비추는 공功에 의하여 말하는 연고로 이름이 관자재며,

일심으로부터 나와서 응함이 두루하지 않음이 없음을 보문普門이라 이르며,

만물로부터 반조하여 융통하지 않음이 없음을 곧 원통圓通[108]이라고 하며, 그 실은 일一 따름이니라.

(卷第七 普門品)

無等等者 無等卽物無與等 等者與物爲等
무등등자 무등즉물무여등 등자여물위등

무등등無等等이란 것은 무등은 곧 물物이 더불어 등비等比할 게 없음이요, 등等이란 것은 물物로 더불어 평등함이다.

(卷第七 普門品)

108) 절대의 진리는 모든 것에 보편적으로 걸쳐져 있다라는 뜻. 주원융통周圓融通의 준말. 불. 보살의 깨달음의 경지. 관음의 덕을 칭송하여 원통이라 함.

陀羅尼此云摠持 卽念慧妙力

다라니차운총지 즉염혜묘력

諸佛密語有一字多字無字之異

제불밀어유일자다자무자지이

能以一字 摠無量法 持無量義

능이일자 총무량법 지무량의

摧邪立正 殄惡生善 皆能摠而持之之謂也

최사립정 진악생선 개능총이지지지위야

다라니는 여기에서는 총지라고 부른다.

곧 염혜念慧[109]의 묘력이다.

모든 부처님의 밀어에 일자, 다자, 무자의 다름이 있거니와 능히 일자一字로서 무량법을 거느리고 무량의無量義를 가져서 사邪를 꺾고 진眞을 세우며 악을 없애고 선을 나게 하나니 다 능히 거느리고 가짐을 말한 것이다.

(卷第七 陀羅尼品)

---

109) 보살 10지地의 제4 정진바라밀을 성취하고 수혹修惑을 단절하고, 지혜를 많이 쌓는 단계를 말함. 모든 번뇌의 싹을 태워 없애는 힘이 있는 깨달음을 얻기 위한 도움이 되는 요소의 뜨거움이 생기므로 염혜라 한다.

極而示之存乎教 備而證之存乎人

극이시지존호교 비이증지존호인

지극히 하여 보임은 교에 있다.

갖추어 증득함은 사람에게 있다.

(卷第七 普賢菩薩勸發品)

『법화경法華經』의 내용과 사상

법화경法華經의 이름은 '바른 백련白蓮과 같은 가르침'의 살달마분다리가경薩達磨芬陀利迦經으로서 이것을 한역할 때 서진西晉의 축법호竺法護가 정법화경正法華經이라고 하였고, 요진姚秦의 구마라습鳩摩羅什은 묘법연화경妙法蓮華經이라고 번역하였다.

법화경法華經에서 들고 있는 흰 연꽃이 가치와 사상적으로 빼어나 다른 어떠한 경보다 우수함을 말해주고 있다.

인도의 세친世親은 청정무구한 연꽃처럼 그와 같이 성문聲聞도 법화경을 수지독송함으로써 성불할 수 있다고 한다. 연꽃이 꽃과 열매를 동시에 갖추고 있는 것과 같이 법화경은 부처의 즉 법신을 보여 신심을 일으킨다고 한다.

또 양나라 법운法雲은 법화경의 수행으로 모든 사람은 성불한다는 인因과 구원久遠의 과果를 설하고 있다. 이것은 연꽃의 꽃(원인)과 열매(결과)가 동시에 생존하는 것과 같아서 인과因果를 동시에 갖추고 있어 묘법妙法이라고 한다.

법화경은 대승경전大乘經典으로 대표적인 경전이다.

법화경 자체는 그 성립 연대에 관해서 설명하고 있지 않으나 경전에 등장하는 인물이나 사회적 배경을 검토해 볼 때 기원 전후의 시기라고 추정할 수 있다.

법화경은 서북 인도 지역에서 성립하여 중앙아시아를 거쳐 중국으로 전해졌다.

법화경의 내용과 사상은 방편품方便品과 여래수량품如來壽量品이 주요한 핵심이다. 이 두 품은 교의적教義的으로 가장 중요한 품이다. 이중 방편품方便品은 지혜 제일 사리불이 등장하는 수준 높고 깊은 문답이 전개되는 품이다. 부처님은 사리불에게 부처의 거룩하고 위대한 지혜를 무량무변하고 미증유未曾有의 법이라고 찬탄한다. 이때 설하신 '십여시十如

是[110] 법문'이 유명하다.

　　이 십여시란 부처의 지혜로 본 만물의 실상, 즉 제법실상諸法實相을 증득한 것을 제시하였다. 그 십여시는 상相(형태), 성性(특질), 체體(본질), 역力(능력), 작作(작용), 인因(원인), 연緣(반연), 과果(결과), 보報(과보), 본말구경本末究竟(상相으로부터 보報에 이르는 관계가 서로 평등한 것)의 열 가지이다.

　　이 열 가지는 만물의 실상을 파악할 수 있다고 하였다. 이와 같이 법화경은 모든 사람에게 부처의 지혜를 얻게 하는 것이 목적이다. 방편품方便品과 함께 여래수량품如來壽量品은 법화경 본문의 핵심과 동시에 사물의 진실한 모습을 깨달아 가는 방법과 사상을 이해하고, 누구나 평등하게 갖추어져 있는 불성을 인정함으로써 각자가 실천하여 성불하도록 구체적인 실현을 설법하고 있다.

❖ 이 경의 대의는 부처님이 일대사인연一大事因緣으로 세상에 출현하셔서 중생을 깨닫게 하기 위해 성문승聲聞乘. 연각승緣覺乘. 보살승菩薩乘의

---

110)　모든 것이 상相, 성性, 체體 등의 10가지 방법으로 존재하고 생기生起 한다는 것. 상相, 성性, 체體, 역力, 작作, 인因, 연緣, 과果, 보報, 본말구경本末究竟이라고 하는 10가지 카테고리.

삼승을 방편으로 시설하는 삼승방편三乘方便의 문을 열어 일승진실一乘真實을 보이시는 것이라 한다.

방편품方便品 게송偈頌

"그때 세존께서 조용히 삼매에서 일어나시어 사리불에게 말씀하셨다. …중략… 세존께서 뜻을 거듭 펴시려고 게송으로 말씀하셨다."

거룩하신 부처님을 측량 못 하여
여러 하늘이나 세상의 인간들
여러 가지 중생의 그 누구라도
부처님을 헤아릴 자 없느니라.
부처님의 크신 힘과 두려움 없음
해탈이나 여러 가지 삼매
그리고 부처님의 모든 법
능히 측량할 이도 없어

본래부터 무수한 부처님 따라다니며

구족하게 모든 도를 행하였으며
매우 깊고 미묘한 법을
보기도 어렵지만 알기도 어려워

한량없는 억겁 오랜 세월
이와 같은 여러 가지 도를 행하고
도량에서 얻으신 거룩한 결과
내가 이미 그 모두 보고 아노라.

이와 같이 크고 크신 그 과보와
가지가지 성품과 모양의 뜻을
나와 시방세계 부처님만이
이에 능히 이런 일을 알고 있으니

이런 법은 보일 수 없는 것이요,
말로는 더더구나 할 수가 없어
하물며 그 밖의 중생들이야
능히 알고 이해할 이 누구이랴.

믿는 힘이 견고하여 흔들림 없는
그러한 보살들은 제외하나니

부처님의 그 많은 제자들이
일찍부터 부처님께 공양하고
온갖 번뇌가 이미 다하여
최후 몸에 머무는 이들
이러한 스승들은 어느 누구도
그 힘으론 이 일을 감당 못 하리라.

세상에 가득 찬 많은 사람들
모두 다 사리불과 같은 이들이
생각을 다하여 함께 헤아린다 해도
부처님의 지혜는 측량 못 하고

시방에 많은 사람 사리불 같고
또한 제자들도 가득하게 차
그들이 합하여 사량하여도
부처님의 지혜는 알지 못하며

영리한 지혜 가진 벽지불이나
무루의 최후신에 머문 이들이
시방의 여러 세계 가득하여서
그 수효 대숲과 같으며

그런 이가 한결같이 마음을 합해
무량한 억천만겁 오랜 세월을
부처님의 참 지혜 생각하여도
그중의 한 부분도 알지 못하고

처음으로 발심한 보살들이
무수한 부처님께 공양하여
여러 가지 뜻과 이치 요달하고
또한 능히 설법도 잘하는 이
그 수가 시방세계 충만하기를
벼, 삼, 대, 갈대와 같아
한결같은 지혜로 생각하여도
부처님 그 지혜는 알 수가 없고

물러나지 아니하는 지위의 보살들
항하의 모래만큼 수가 많아서
일심으로 생각하고 찾아보아도
그래도 또한 다시 알지 못하네.

사리불에게 또다시 말하노니

샘이 없고 생각하여 알 수도 없는
지극히 깊고 깊은 미묘한 법을
내가 이미 모두 갖추었노라.

오직 내가 이 모양을 알고 있으며
시방의 여러 부처 또한 아나니
사리불아, 마땅히 알아두어라
부처님의 말씀은 다르잖나니.

부처님 설하신 미묘한 법문
마땅히 크게 믿는 힘을 내어라
세존의 그 법이 오랜 뒤에야
진실한 법 요긴하게 말하느니라.

성문聲聞과 연각법緣覺法[111]을 구하는 이들
내가 이제 너희를 위하는 고로
고통의 속박에서 아주 벗어나

---

111) 혼자서 깨달음을 연 사람. 불교 외의 쟈이나교에서도 이 명칭을 쓴다. 부처님의 교화에 의하지 않고 독자적으로 깨달음을 연 사람. 소승불교에서는 12인연을 깨달아 방황을 끝내고 이법理法을 증득하는 것을 연각이라 함. 자력으로 부처의 깨달음을 열어도 그것을 사람에게 설하려고 하지 않는 부처.

진실된 법 열반을 얻게 하리니
부처님의 여러 가지 방편력으로
삼승의 가르치심 보이시지만
중생들 간 데마다 집착하므로
인도하여 벗어나게 한 것이니라.

"사리불아, 너희들은 마땅히 한결같은 마음으로 부처님의 말씀을 듣고 믿으며 이해하여 받아 지니라. 부처님께서 하시는 말씀은 허망함이 없나니, 다른 법은 없고 오직 일불승—佛乘만 있느니라."

그때 세존께서는 이 뜻을 거듭 펴려고 게송으로 말씀하셨다.

이런 비구 비구니들
잘난 체하는 마음을 품었으며
아만 많은 우바새와
믿지 않는 우바이들

이와 같은 사부대중
그 수가 오천여 명
제 허물 보지 않고

계행戒行만 깨뜨리며

제 잘못 숨겨두면
이런 좀것들이 나갔으니
찌꺼기 같은 그 무리들
부처님의 덕에 눌려갔느니라.

이런 사람 복덕 없어
이 법문 못 듣나니
대중에는 이제 지엽이 없고
알맹이만 남았어라.

사리불은 잘 듣거라.
부처님이 얻은 법은
한량없는 방편으로
중생 위해 말하노라.

중생들의 여러 생각
갖가지로 행하는 도
그러한 욕망과 성질
지난 세상 선악의 업

부처님이 모두 알아

모든 인연 여러 비유

이야기와 방편으로

그들을 기쁘게 하려고

어떤 때는 수다라修多羅를

또는 가타伽陀 본사本事와

본생本生이나 미증유未曾有[112]며

인연因緣을 설해 주며

혹은 비유譬喩와 기야祇夜

우바제사優婆提舍를 말해도

아둔한 이들은 소승법을 즐기어서

생사에만 탐을 내며

한량없는 부처님 만나도

미묘한 도 행치 않고

뭇 고통에 시달릴새

112) 아직 전혀 있지 않음. 이제까지 없었던 것. 대단히 진귀한 것. 세상에서도 신비한
것. 기적 등의 뜻.

열반 법을 말했노라.
이런 방편 마련한 것은
부처님 지혜에 들게 하고
너희들도 성불하리라고
한 번도 말하지 않았으니

그 말 일찍 아니한 것은
때가 아직 이른 까닭
지금에야 때가 되니
대승법을 말하노라.

내가 말한 구부법九部法[113]
중생 근기 따름이니
대승 근본 삼으려고
이 구부의 법을 말하노라.

깨끗한 마음 가진 불자
부드럽고 총명하며

---

113) 9가지 부분에서 이루어진 가르침. 9분교와 같음. 인도 초기 불교에서 전승된 가
르침의 형태. 그 내용에서 9종류로 분류한 것.

한량없는 부처님께
미묘한 도 행했으니

이런 불자들에게는
대승경전 말해주며
이 사람 오는 세상에
부처되리라 수기하노라.

마음 깊이 염불하고
청정 계율 가졌을 때
성불한단 말 들으면
큰 기쁨이 몸에 가득.

부처님 그 마음 알고
대승법을 말하노니
성문이나 보살들이
내 설한 법을 듣고

한 게송만 기억해도
부처 되기 의심 없네
시방세계 각국에는

일승법만 있을 뿐

이승. 삼승 없으니
방편 말은 버릴지니
일부러 거짓말로
중생 인도 한 것이라.

부처 지혜 말하려고
출현하신 부처님
이 일만이 오직 진실
이승. 삼승 방편일 뿐
소승으로 아무래도
중생 제도 못 하나니
부처님이 대승으로
얻은 바가 그와 같아

선정 지혜 장엄하여
중생을 제도할새
평등하고 위 없는 도
대승법을 증득하고

다만 한 사람이라도
소승으로 교화하면
나는 간탐慳貪에 떨어지리니
옳지 못한 일이니라.

누구나 귀의하면
여래는 속이지 않고
탐욕이나 질투 없어
모든 악을 끊었으매

부처님은 시방에서
두려움이 없느니라.
좋은 상호 장엄하고
세간마다 광명 비춰

중생 존경 받는지라
실상인實相印[114] 말하노니
사리불아, 내가 본래

---

114) 실상의 이理를 말함. 경전속에서 설해진 제법실상諸法實相의 이理는 불설佛說이라는
것을 증명하는 표준이 되기 때문에 이것을 인印이라 부른다.

서원을 세운 것은
모든 중생 나와 같이
다름없게 하렸더니
오래전에 품은 소원
이제 만족하였나니

일체중생 교화하여
불도에 들게 하네
내가 만일 중생 만나
불도를 가르치면
무지한 이 미혹하여
그 가르침 안 받나니
이 중생은 일찍부터
선근을 닦지 않고

오욕에만 애착하며
어리석고 성 잘 내고
탐욕에만 속박되어
삼악도에 떨어지며

여섯 갈래(육도) 헤매면서

모든 고통 두루 겪고
태 속에서 받은 몸
생사가 끝없으며

덕이 없고 복도 없어
뭇 고통에 시달리며
혹은 있다 혹은 없다
나쁜 소견의 숲속에 들어
삿된 견해 점점 늘어
육십이견六十二見[115] 구족하고
허망한 법 고집하여
버릴 줄을 모르나니

아만과 자존심으로
마음 굽어 불실하여
천만억 겁 지내어도
부처님 이름 못 들었고

---

115) 육십이의 그릇된 견해. 자기 및 세계에 관하여 불교의 올바른 입장에서부터 빗나
간 견해의 총칭. 오종현재니원론五種現在泥洹論에서는 과거, 현재, 미래의 3세에 각각 5온
이 있어, 곱하여 15가 되고, 낱낱이 4구의 이견이 있어 합하여 60견이 되고, 근본인 단
斷, 상常의 2견을 더한 것.

법 또한 듣지 못해
제도하기 어려우니
사리불아, 이런 사람
방편법을 베풀어서

고통 끊는 길을 말해
열반법을 보여주며
열반이라 말했으나
참된 열반이 아니니

모든 법은 본래부터
항상 고요한 것이니
불자들이 이런 도 행하면
오는 세상 부처 되리라.

내가 비록 방편으로
삼승법을 보였으나
시방세계 부처님들
일승법만을 말하나니
여기에 모인 대중들아

의혹된 마음 다 풀지니
부처 말씀 다르지 않아
일승뿐 이승은 없네.

지난 세상 무수한 겁
멸도하신 여러 부처
백천만억 그 수효를
헤아릴 수 없건마는

이런 모든 세존들이
가지가지 인연과 비유
무수한 방편으로
법의 모습 연설하니

이와 같은 여러 세존
모두 다 일승 설해
무량 중생 교화하사
부처 도에 들게 하되

대성주인大聖主人 부처님들
일체 세간 중생들의

애착하는 모든 욕망
속속들이 다 아시고

다시 다른 방편으로
제일의 뜻 나타내니
만일 어떤 중생들이
과거 부처 만나 뵙고
보시하며 계율 갖고
인욕하고 정진하며
선정 지혜 법문 듣고
복과 지혜 닦았으면

이와 같은 여러 사람
이미 다 성불했고
부처님 열반한 뒤
사리에 공양하려

만억 가지 탑 세우되
금과 은과 파리들과
자거와 마노들과
매괴와 유리 진주 등으로

청정하게 널리 장엄해서
모든 탑을 장식하고
혹은 돌로 사당 짓고
전단향과 침수향과

목밀木樒이며 다른 재목이나
기와 벽돌 진흙으로
넓고 거친 들 가운데
흙을 모아 절 지으며

어린애들 장난으로
흙모래로 탑을 세운
이러한 사람들도
모두 이미 성불했고
어떤 이는 부처 위해
여러 형상 세우거나
부처님상 조각한
그들도 이미 성불했고

혹은 칠보로나

놋쇠나 백동들과
납 주석 쇳덩이나
나무 진흙으로 만들거나

교칠포膠漆布로 치장하여
부처님상 장엄한
이와 같은 여러 사람
모두 다 불도 이루었고

백복으로 장엄한
부처님상 그릴 적에
제가 하나 남 시키나
모두 이미 성불했고

아이들 장난으로
풀 나무 붓이거나
혹은 꼬챙이로
부처 모양 그린 이들

이와 같은 여러 사람
공덕을 점점 쌓아

큰 자비심 갖추어
모두 성불하였나니
다만 보살 교화하여
무량 중생 건졌노라.
어떤 사람 탑과 묘나
불상이나 화상에

꽃과 향과 번개로써
공경하여 공양하게 하나
사람이 시켜 풍악을 울리고
북도 치고 소라 불며

소저 통소 거문고나
비파 요령 바라들
이와 같은 묘한 음악
정성으로 공양하며
환희한 마음으로
노래 불러 찬탄하되
한마디만 하더라도
다 이미 성불했고

마음이 산란해도
꽃 한 송이 일심으로
불상에 공양하면
많은 부처님 뵙게 되며

혹은 어떤 사람
예배커나 합장커나
손 한 번을 든다거나
머리 한 번 숙이어도
이런 공양 하는 이도
한량없는 부처님 뵙고
위 없는 도 이루어서
무수 중생 제도하여

무여열반無餘涅槃[116] 들게 하되

---

116) 무제약無制約의 열반세계. 완전한 진실의 열반. 육체 등의 생존의 제약에서 완전히
이탈한 상태. 완전한 절무絶無의 경지. 번뇌가 없는 영원한 평안. 모든 번뇌를 끊고, 미래
의 생사 원인을 없앤 자가, 또한 신체만을 남기고 있는 것을 유여열반有餘涅槃이라 하고,
그 신체까지도 버릴 때 무여열반이라 함. 마음에 혹을 떨쳐낼 뿐만 아니라 육체도 또 무
로 귀의시킨 깨달음의 상태. 번뇌가 전혀 없는 상태로 죽고, 영원의 진리에 오히려 일체
가 된 것을 가리킴. 유식설唯識說에 있어서는 번뇌장煩惱障을 단절하고 나타나게 되는 진
여眞如에 있어서, 제8식이 대원경지大圓鏡智로 전하여 모든 제혹諸惑을 적멸하여 남김이

섶 다하면 불 꺼지듯

마음 산란한 이도
탑묘塔廟중에 들어가서
나무불南無佛 한 번 해도
모두 다 성불했고

지난 세상 여러 부처
계실 때나 열반한 뒤
이 법을 들은 이는
모두 다 성불했고

오는 세상 부처님도
그 수효 한량없어
이러한 여래들도
방편으로 설법하며

일체의 모든 여래

없는 것. 시즉유위是卽有爲의 제법諸法은 모두 다하여 없어지고, 무위상주無爲常住의 법성의
진리만이 완성된다.

또한 많은 방편으로
중생을 제도하여
불 지혜에 들게 하니

이런 법문 들은 이는
모두 다 성불하네.

여러 부처 본래 서원
내가 행한 불도로써
중생들을 교화하여
똑같은 도 얻게 하며

오는 세상 부처님들
셀 수 없는 백천만억
많은 법문 설하지만
그 실은 일불승이라.

성품 없는 진실한 법
양족존은 알지마는
부처되는 종성들이
인연 따라 생기므로

말씀하신 일승의 법
그 자리에서 머물러서
세간 모습 이미 알고
방편으로 말하니라.

하늘 인간 공양받는
시방에 계신 부처님들
그 수가 항하 모래
세간에 출현하사

중생들 편케 하려
이런 법문 말하나니

제일이고 적멸함을
알면서도 방편으로
갖가지 길 보이지마는
그 실은 일불승뿐이다.

중생들의 여러 행과
마음 깊이 생각하는 것

지난 세상 익힌 업과
욕심, 성질, 정진의 힘

여러 가지 근기 알고
가지가지 인연과
비유와 이야기로
방편 따라 설하나니

지금 나도 그와 같이
중생을 편케 하려
가지가지 법문으로
부처 도를 보이노라.

내가 지혜 힘으로써
중생들의 근기 알고
방편으로 설법하여
환희토록 하여 주네.

사리불아, 바로 알라
내가 불안佛眼으로
육도 중생 살펴보니

빈궁하고 지혜 없어
생사의 길 잘못 들어
그 고통을 끊지 못해
오욕락에 탐착하되
이우犛牛[117]가 꼬리 사랑하듯

탐애 속에 갇혀 있어
눈도 멀고 소견 없어
큰 부처를 구하지 않고
고통을 못 끊으며

삿된 소견 깊이 물어
괴로움에 얽혔으니
이런 중생 위하여서
큰 자비심 내었노라.

도량에 처음 앉아
나무 보고 경행하며

---

117) 야크. 들소. 물소.

삼칠일 동안이나
이런 일을 생각하되

얻은바 그 지혜가
미묘하고 제일이나
근기 둔한 모든 중생
어리석고 눈이 어두우니

이와 같은 무리들을
어떻게 제도하랴.

그때 범천왕과
제석천왕 사천왕과
대자재천 모든 하늘
백천만 권속들이

합장 공경 예배하며
나의 법륜 청하거늘
내 스스로 생각하니
만일 일불승을 찬탄하면

고통 속에 빠진 중생
이 법 믿지 않을새
불신하여 훼방하면
삼악도에 빠지리니
내 차라리 설법 않고
열반에 들려다가
지난 세상 부처님네
행한 방편 생각하고

내가 지금 얻은 도를
삼승으로 설하리라.

이런 생각 하올 때
시방 부처 나타나서
법음으로 위로하되
착하도다, 석가모니불

제일가는 대도사가
위 없는 법 얻었건만
모든 부처님을 따라
방편법을 쓰는구려.

미묘하고 제일 된 법
우리들도 얻었지만
모든 중생 위하여
삼승법을 말하노라.
적은 지혜 소승들이
성불을 믿지 않아
방편의 분별로써
여러 과果를 설했으나

그 비록 삼승이나
보살을 교화할 뿐
사리불아, 바로 알라
부처님 말 내 들으니

청정하고 미묘하여
'나무불' 부르면서
이런 생각 다시 하되
흐린 세상 내가 나서
여러 부처님 말씀대로
나도 따라 행하리라.

이렇게 생각하고
바라나에 나아가니
모든 법 적멸한 모양
말로는 형용할 수 없지만

방편의 힘으로써
오비구五比丘에게 연설했으니
이 이름이 전법륜轉法輪[118]
그와 같이 부르나니

열반이라는 법과
아라한이라는 이름이 있어
법보와 승보라고
그 이름이 차별 있네.

오랜 세월 내려오며

---

118) 바퀴를 돌려 차를 전진시키는 것처럼 부처님이 법의 바퀴를 바꾸는 것. 부처님이
설한 가르침이 모든 중생 사이를 회전하여 미혹함을 파괴하고 부수므로 전법륜이라 함.
바른 길을 여는 것.

열반의 도 찬탄하되
생사의 고 다한다고
이런 설법 늘 했노라

사리불은 바로 알라
불자들을 내가 보니
부처님 도 구하는
한량없는 천만억 사람
모두 공경하는 마음으로
부처님께 온 것이니
일찍부터 부처님 말씀하신
방편설을 들었으니

이제 내가 생각하니
여래께서 출현함은
불佛지혜를 설하려 함이니
지금이 바로 그때이니라.

사리불아, 바로 알라
근기 둔한 소승인들은
상相에 집착하고

이런 법 못 믿을 새

나는 이제 두려울 것 없어
여러 보살들에게
바로 방편 버리고
위 없는 도 말하리라.

보살들이 이법을 들으면
의혹 모두 풀어지고
일천이백 아라한도
마땅히 다 성불하리라.

삼세의 여러 부처
설법하던 의식대로
이제 나도 그와 같이
분별없는 법을 설하노라.
여러 부처 출현하심
만나기가 어려우며
설사 출현하여도
이런 법문 더 어렵고

한량없이 오랜 겁에
이 법 듣기 또 어려워
들을 줄을 아는 사람
더욱더 어려우니

우담바라優曇鉢羅 꽃[119]이 피면
일체가 다 즐겁지만
천상, 인간에 희유하여
때가 돼야 한 번 피네.

법을 듣고 환희하며
찬탄의 말 한 번 하면
모든 삼세 부처님께
공양함이 되는 것이나

이런 사람 희유하여
우담바라 꽃과 같네

---

119) 삼천 년에 한 번 피는 꽃. 과거 7불佛의 구나함모니불拘那含牟尼佛이 이 나무 아래에서 성도하다. 이 나무의 꽃은 자웅雌雄의 구별이 있다. 여래가 출현하고, 전륜성왕이 출현하면 꽃이 핀다고도 하며, 또 꽃 없이 열매를 맺는다고도 한다. 불설佛說에 만나기 어려운 것의 비유가 되는 꽃.

너희들은 의심 말라
나는 법의 왕이니라.

대중에게 말하노니
일불승 묘한 도로
보살들만 교화하매
성문 제자 없느니라.
너희들 사리불과
성문과 보살들은
알지어다 이러한 법은
부처님의 비밀한 법문

다섯 가지 흐린 세상 사람
여러 가지 욕락만 탐하므로
이러한 중생들은
부처님도 구하지 않고

오는 세상 악한 이도
일승법문 듣게 되면
미혹하고 믿지 않아
악한 길에 떨어지고

부끄러움 알고 청정한 사람
불도를 구하는 이
마땅히 이들을 위해
일승의 도 찬탄하노라.

사리불아, 바로 알라
여러 불법 이러하여
만억 가지 방편으로
마땅하게 설법하니

배우지 않은 이는
능히 이 도리를 모르지만
도사이신 부처 세존
마땅하게 쓰는 방편

너희들이 이미 알고
여러 의심 다시 없어
크게 환희하는 마음으로
성불할 줄 알지어다.

그때 세존께서 여러 대중들에게 이렇게 높이 선언하시었다.

"내 제자인 이 마하가섭은 오는 세상에 반드시 3백만억 여러 부처님을 친견하고 받들며 공양하고 공경하며 존중하고 찬탄하며, 널리 여러 부처님의 한량없는 큰 법을 설하고 최후의 몸으로 성불하리니, 그 이름은 광명여래, 응공, 정변지, 명행족, 선서, 세간해, 무상사, 조어장부, 천인사, 불세존이라 하리라. 그 나라의 이름은 광덕光德이요, 겁의 이름은 대장엄大莊嚴이며, 부처님의 수명은 12소겁이요, 정법正法 이 세상에 머물기는 20소겁이며, 상법像法도 또한 20소겁을 머무르리라. …중략…"

그때 세존께서 이 뜻을 거듭 펴시려고 게송으로 말씀하셨다.

비구들에게 말하노라
부처님의 눈으로써

가섭迦葉[120]을 내가 보니
수가 없는 겁을 지나

앞으로 오는 세상
부처를 이루어서
그 세상에 계신 세존
삼백만억 부처님을

받들어 공양하고
정성으로 친견하여
부처님의 큰 지혜와
범행梵行을 잘 닦으며

가장 위가 되신
양족존兩足尊께 공양하고
무상 지혜 닦고 익혀
최후의 몸 성불하리

---

120) 종성種性은 바라문. 성은 가섭. 파비왕의 서울 바라나에서 태어나 니구률나무 아
래서 정각正覺을 이루고 1회 설법으로 제자 2만 인을 제도 함. 불제자 중에서 마하가섭摩
訶迦葉. 우루빈라가섭優樓頻螺迦葉, 가야가섭伽耶迦葉, 나제가섭那提迦葉, 십력가섭十力迦葉의 다
섯이 있는데, 이들을 모두 줄여서 가섭이라 부르지만 흔히는 마하가섭을 가리킨다.

그 나라는 청정하여
유리로 땅이 되고
여러 가지 보배나무
도로마다 즐비하며

황금줄로 경계하니
보는 사람 환희하고
향기 좋은 여러 꽃을
항상 흩뿌리며

갖가지 아름다운
그런 걸로 장엄할새
그 땅이 평정하여
구릉 언덕 없으며

그 수를 알 수 없는
많고 많은 보살 대중
마음도 부드럽고
큰 신통을 얻으며
부처님의 대승 경전
받들어서 지니고

성문들로 샘이 없는
최후에 받은 몸들

법왕의 아들들도
그 수가 많고 많아
천안天眼으로 볼지라도
능히 세지 못하나니

그 부처님 누릴 수명
12소겁 오랜 세월
정법이 머물기는
20소겁이라 하며

상법 또한 마찬가지
그와 같은 세월이니
광명의 그 세존님
하시는 일 이렇노라.

석씨釋氏 문중 법왕이라
불쌍한 우리들을 위해
부처님 말씀 주옵소서.

우리 마음 아시고
수기를 주신다면
감로수로 열을 제해
시원함과 같나이다.

주린 배로 헤매다가
대왕 성찬 만났어도
마음이 두려워서
감히 먹지 못하올새.

만일 왕이 먹으라면
그때야 감식하듯
우리들도 그와 같아
소승의 허물만 생각하며

부처님의 무상 지혜
구할 길도 모르고
너희들도 성불한다
부처 음성 들었어도

되려 마음 두려워서
선뜻 먹지 못함이니
만일 수기授記[121] 주신다면
이젠 안락하오리다.

장하신 세존께서
세상 안락케 하시려니
저희에게 수기 주시면
그 가르침 받으리라.

---

121) 수행자가 미래에 최고의 깨달음을 얻을 것이라고 부처님이 예언, 약속하는 것. 정해진 말. 예언. 미래의 약속. 성불의 약속을 주는 것. 수기受記, 기별記別, 기설記說 등으로도 한역함. 일반적으로는 미래의 성불成佛에 대한 증언을 의미하고 석존이 과거 세상에 연등불로부터 수기를 받고, 미륵이 석존으로부터 받은 수기는 원시불교 성전에서도 보인다. 대승불교에서는 『무량수경無量壽經』의 법장비구法藏比丘가 세자재왕불世自在王佛로부터 아미타불이 되는 수기를 얻은 것. 성불 수기의 종류는 『대승장엄경론大乘莊嚴經論』 12권에서 모든 설을 일괄하여 말하고 있다.

그때 아난과 라후라가 이렇게 생각하였다.

우리들도 만일 이런 수기를 얻게 되면 또한 기쁘지 않겠는가 하고.

그리고는 곧 자리에서 일어나 부처님 앞으로 나아가 머리 숙여 예배하고 부처님께 여쭈었다.

"세존이시여, 저희도 또한 마땅한 분수가 있사오니 오직 여래께 귀의하며, 또한 저희 들을 일체 세간의 하늘과 인간과 아수라들이 보고 아나이다. 아난은 항상 시자가 되어 법장法藏을 받들어 가지고 있으며, 라후라는 부처님의 아들이니 만일 부처님께서 아뇩다라삼먁삼보리 의 수기를 주신다면, 저희의 소원이 성취되며 대중들의 소망도 또한 만족하오리다."

이때 부처님께서 아난에게 말씀하셨다.

"너는 오는 세상에 반드시 성불하리니, 그 이름은 산해혜자재통왕山海慧自在通王여래, 응공, 정변지, 명행족, 선서, 세간해, 무상사, 조어장부, 천인사, 불세존이리라. 마땅히 6십2억의 여러 부처님을 공양하고, 법장을 받들어 가진 뒤에 아뇩다라삼먁삼보리를 얻고, 2십천만억 항하의 모래 같이 많은 보살들을 교화하여 아뇩다라삼먁삼보리를 얻게 하리

라. …중략…

아난아, 이 산해혜자재통왕불은 시방세계 한량없는 천만억 항하의 모래 같은 여러 부처님 여래께서 다 함께 그 공덕을 찬탄하시게 되리라."

그때 부처님께서 이 뜻을 거듭 펴시려고 게송으로 말씀하셨다.

내 이제 대중에게 말하노라.
큰 제자 아난은 법을 받들어서
오는 세상 여러 부처 공양하고
그 일을 마친 뒤 정각을 이루리니,
거룩하신 그 이름 산해혜자재통왕불
그 부처님 국토는 항상 청정하여
나라 이름 또한 상립승번이며
교화할 많은 보살 항하의 모래 같고

훌륭하신 그 부처님 크신 위덕과
높으신 그 이름이 시방에 퍼지며
끝없이 누리시는 부처님 수명은
어리석고 불쌍한 중생을 위함이며

부처님 수명 두 배를 정법이 머물고
상법은 다시 그 두 배를 머무르며
항하 모래 같이 무수한 중생들
부처 될 인연을 그 법 중에 심으리라.

지금 내 앞에 머물러
법을 듣는 2천의 성문들은
모두 한 가지로 큰 수기 받아서
앞으로 오는 세상 성불하리라.

위에 내가 말한 많은 티끌 수의
여러 부처님을 친견하고 공양하며
깊고 높은 그 법장 받들어 가진 뒤
반드시 정각을 이룩하리라.
그들의 이름 또한 한 가지로 보상이며
장엄한 국토나 많은 그 제자들
세상에 머무를 정법이나 상법도
모두 다 하나같이 다름이 없으리.
성불한 그 부처님 시방 국토에서
모두 다 한 가지로 이름을 갖추리니,
범행 닦을 도량에서 함께 나아가

위 없는 무상 지혜 얻어 가지리라.

그 모든 부처님 여러 신통으로
시방의 한량없는 중생을 제도하며
높은 이름 널리 퍼져 가득하니
바라던 열반에 점차로 들리라.

지혜의 밝은 등불 거룩하신 세존께서
우리에게 주시는 수기의 음성 듣고
마음 크게 환희함이 온몸에 가득하니
감로의 단비를 퍼부은 것 같나이다.

여래수량품如來壽量品 게송偈頌

그때 부처님께서는 여러 보살과 일체 대중에게 말씀
하셨다.
"선남자들이여, 너희들은 반드시 여래께서 진실하게 밝
히시는 말씀을 믿고 이해하라."
다시 대중에게 말씀하셨다.

"너희들은 반드시 여래께서 진실하게 밝히시는 말씀을 믿고 이해하라."

또다시 부처님은 여러 대중에게 거듭 말씀하셨다.

"너희들은 반드시 여래께서 진실하게 밝히시는 말씀을 믿고 이해하라."

이때 그 보살 대중 가운데 미륵보살이 상수가 되어 합장하고 부처님께 여쭈었다.

"세존이시여, 원하옵나니 설하여 주옵소서. 저희 들이 부처님의 말씀을 믿고 받아오리다."

그때 세존께서 여러 보살이 세 번이나 청하여 그치지 않을 것을 아시고 대답하여 말씀하셨다.

"너희들은 여래의 비밀한 신통력을 자세히 들어라. 일체 세간의 하늘과 인간 그리고 아수라들은, 모두 석가모니불은 석씨 왕성을 나와 가야성 가까운 도량에 앉아 아뇩다라삼먁삼보리를 얻었다고 생각하지만, 그러나 선남자들아, 내가 성불한 지는 한량없고 가없는

백천만억 나유타 겁이니라. 비유하면, 5백천만억 나유타 아승지 삼천 대천 세계를 어떤 사람이 모두 가는 티끌로 만들어 그것을 가지고 동방으로 5백천만억 나유타 아승지 국토를 지날 때마다 한 티끌씩을 떨어뜨림과 같느니라.

이렇게 동방으로 행하여 그 많은 티끌이 다했다면 선남

자들이여, 너희들의 생각은 어떠하냐, 이와 같은 많은 국토를 사유하고 헤아려서 그 수를 알 수 있겠느냐."

그렇지 않나이다.

부처님께서 말씀하셨다.

"나도 또한 이와 같아, 성불한 지는 한량없고 가없는 백천만억 나유타 아승지겁이지만, 중생을 위하여 방편의 힘으로 멸도를 말하고 있으나 능히 법과 같이 설하였으므로, 나를 허망하여 허물이 있다고 하지 않으리라."

그때 세존께서 이 뜻을 거듭 펴시려고 게송으로 말씀하셨다.

내 스스로 성불하여
지나온 그 겁수는
한량없는 백천 만억
아승지阿僧祇[122]가 되느니라.

설법으로 한량없는

---

122) 음역으로 무앙수無央數라고도 함. 『화엄경』 아승지품阿僧祇品에서는 124대수 중 제 105 범어의 원음은 '아승캬'이지만 예부터 아승지로 불러왔다. 셀 수 없다는 뜻이다. 무량의 수.

만억 중생 교화하여
부처님 도에 들게 하니
그 또한 무량한 겁

중생 제도를 위하여
열반을 말하지만
그 실은 멸도 않고
항상 이 법 설하며

항상 이곳 머물러
여러 가지 신통으로
뒤바뀐 많은 중생
가깝게 인도하노라.

나의 멸도 중생 보고
사리에 널리 공양하며
연모의 정 다 품어
그리운 마음 다시 내며

중생을 모두 믿고
그 뜻이 부드러워

신명을 아끼지 않고
부처 뵙기 원하면

그때 나와 대중이
영취산에 함께 나와
중생들에게 말하기를
나는 항상 불멸하여

이곳에 머물지만
오직 방편의 힘으로
멸滅과 또한 불멸不滅을
나타내어 보이니라.

다른 나라 중생들이
공경하여 믿으며
내가 다시 그 가운데
무상법을 설하거든

너희들은 듣지 않고
나의 멸도 말하지만
여러 중생 내가 보니

고통 속에 빠졌구나.
그러므로 은신하여
그리운 마음 내게 하고
연모의 정 일으키어
나타나서 설법하느니라.

신통력이 이와 같아
아승지 오랜 겁에
영취산과 다른 곳에
머물러 있으려니

중생이 겁 다하여
큰불에 탈 때도
나의 땅은 안온하여
하늘 인간 충만하고

동산 수풀 여러 당각堂閣
보배로서 장엄되고
보배나무꽃이 만발
중생들이 즐겨 놀며

천신은 북을 쳐서
여러 기악 연주하고
만다라화 꽃비 내려
부처님과 대중께 흩으며

나의 정토 안 헐리나
중생들은 불에 타서
근심 고통 가득함을
여기에서 다 보노라.

죄가 많은 이런 중생
악업의 인연으로
아승지겁 지나도록
삼보三寶 이름 못 듣고

여러 공덕 잘 닦아
부드럽고 질직質直[123]한 이
여기 있는 내 몸이

123) 정직한 마음. 사람 됨됨이가 순수한 것. 솔직한 것.

설법함을 다 보며

이런 중생 위하여서
어느 때는 말하기를
부처님 수명 길고 멀어
무량하다 하지마는

부처님을 오래도록
만나뵈온 사람에겐
부처님은 희유하여
친견하기 어렵다고

나의 지혜 이와 같아
광명이 무량하고
무수한 겁 수명은
오래 닦은 업이니라.

너희들 지혜로운 이
의심 내어 품지 말고
죄업 영영 끊을지니
부처님 말씀 진실이라.

의사가 좋은 방편으로
미친 자식 구원하려
거짓말로 죽은 일이
허망함이 없듯이
나도 또한 이와 같아
뭇 고통을 구하려고
뒤바뀐 범부 위해
거짓 멸도 말하나니

나를 항상 보게 되면
교만한 마음 내고
오욕에 깊이 집착
악도 중에 떨어지리.

나는 항상 중생의
행하는 도道 모두 알고
제도할 바 근기 따라
갖가지로 설법하며

매양 하는 이런 생각

어떻게 저 중생을
무상 지혜 들게 하여
성불 빨리 시킬 것인가.

다라니품陀羅尼品

약왕보살이 자리에서 일어나 오른쪽 어깨를 벗어 드러
내고 부처님을 향하여 합장하고 여쭈었다.

"세존이시여, 만일 선남자, 선여인이 『법화경』을 받아
지녀 읽고 외우며 영리하게 통달하거나 혹은 그 경전을 옮
겨 쓰면 얼마만큼 복을 얻나이까?"

부처님께서 약왕보살에게 말씀하셨다.

"만일 어떤 선남자, 선여인이 8백만억 나유타 항하의
모래 같은 많은 부처님을 공양하였다면 너의 생각은 어떠
하나. 그 사람이 얻는 복이 어찌 많지 않겠느냐."

"매우 많겠나이다. 세존이시여."

약왕보살이 대답하였다.

부처님께서 다시 말씀하셨다.

"만일 선남자, 선여인이 이 『법화경』을 능히 수지하여

네 줄의 게송 하나라도 읽고 외우며, 해설하고 설한 바와 같이 수행하면 그 공덕이 매우 많을 것이다." 그때 약왕보살이 부처님께 여쭈었다.

"세존이시여, 제가 이제 설법하는 이에게 다라니주陀羅尼呪를 주어 수호하겠나이다."

그리고 곧 주문을 말하였다.

"아녜 마녜 마마네 칫테 차리테 사메 시미타 비산테 묵테 묵타

타메 사메 아비사메 사마사메 자예 크사예아크사예 아크시네

사미테 다라니 아로카바세 프라탸베크사니 니디루 아뱐타라

니비스테 아반타라 파리숫디 뭇쿠레아라데 파라데 수캉크시

아사마사메 붓다 비로키테 다르마 파리크시테 상가 니르고사니

니르고니 바야바야 비소다니 만트레 만트라크사야테 루테 루타

카우사례 아크사예 아크사야 바나타예 박쿠레 바로다 아마냔나타예

스바하.”

그때 용시勇施보살이 또 부처님께 여쭈었다.
“세존이시여, 저도 또한 『법화경』을 읽고 외우며 받아
지니는 이를 옹호하기 위하여 다라니를 설하리니, 만일 이
법사가 이 다라니를 얻으면, 야차나 나찰 혹은 부단나富單那,
길자吉蔗, 구반다鳩槃茶, 아귀餓鬼 등이 그의 허물을 찾아내려
하더라도 능히 얻지 못하리다.” 하고 곧 부처님 앞에 나아
가 주문을 설하였다.

“즈바레 마하즈바레 욱케 툭케 묵케 아데 아다바티
느리테 느리타바티 잇테니 빗티니 칫티니 느니타니
느리타바티 스바하.”

그때 비사문천왕호세자毗沙門天王護世者가 부처님께 여쭈었다.
“세존이시여, 저도 또한 중생을 불쌍히 여겨 법사를 옹
호키 위해 이 다라니를 설하겠나이다.” 하고 곧 주문을 설
하였다.

“앗테 탓테 바낫테 아나데 나디 쿠나디 스바하.”

그때 지국천왕持國天王이 천만억 나유타 건달바들에게 둘러싸여 부처님 앞에 나아가 합장하고 여쭈었다.

"세존이시여, 저도 또한 다라니 신주로써 『법화경』을 가진 이를 옹호하리라." 하고, 곧 주문을 설하였다.

"아가네 가네 가우리 간다리 찬다리 마탕기
푹카시 상쿠레
부루사리시스 스바하."

그때 또 나찰녀羅刹女들이 있었으니, 첫째 이름은 남바藍婆, 둘째 이름은 비람바毘藍婆이며, 셋째 이름은 곡치曲齒이고, 넷째 이름은 화치華齒이며, 다섯째 이름은 흑치黑齒이고, 여섯째 이름은 다발多髮이며, 일곱째 이름은 무염족無厭足이고, 여덟째 이름은 지영락持瓔珞이며, 아홉째 이름은 고제皐帝이고, 열째 이름은 탈일체중생정기奪一切衆生精氣이었다.

이 열 명의 나찰녀는 귀자모鬼子母와 아울러 그 아들의 권속들과 함께 부처님 앞으로 나아가 다 같이 여쭈었다.

"세존이시여, 저희도 또한 『법화경』을 읽고 외우며 받아 지니는 이를 위하여 옹호하고, 그의 쇠함과 환난을 없애 주오리다.

만일 어떤 이가 이 법사의 허물을 찾아내려 하여도 능

히 얻지 못하오리다." 하고 곧 주문을 설하였다.

"이티메 이티메 이티메 이티메 이티메
니메 니메 니메 니메 니메
루혜 루혜 루혜 루혜 루혜
스투혜 스투혜 스투혜 스투혜 스투혜
스바하."

이 다라니품을 설할 때 6만8천 인이 모두 무생법인無生
法忍[124]을 얻었다.

---

124) 무생無生의 법리法理의 인증이라는 뜻. 공空이고, 실상實相이라고 하는 진리를 확인
하고, 안주하는 것. 일체의 것이 불생불멸不生不滅이라고 확인하는 것. 사물은 모두 불생
이라고 하는 확신. 인忍은 인가忍可, 인지認知라는 뜻으로, 확실히 그렇다고 확인하는 것.
진실의 이치를 깨달은 마음의 평안함. 무생인無生忍이라고도 함. 삼법인三法忍의 한 가지.

열반경

『대반열반경 大般涅槃經』

(북량 담무참역 北涼 曇無讖譯)

凡夫之人 雖滅煩惱 滅已復生 故名無常
범부지인 수멸번뇌 멸이부생 고명무상

如來佛尒 滅已不生 是故名常
여래불이 멸이불생 시고명상

범부의 사람은 비록 번뇌를 멸하나 멸하여 마치매 다시 생할새 고로 이름이 무상無常이거니와 여래는 그렇지 않아서 멸하여 마치매 생하지 않을새 이런 고로 이름이 상常이니라.

(卷第四 如來性品)

諸佛世尊唯有密語 無有密藏
제불세존유유밀어 무유밀장

제불세존은 비밀스러운 말씀이 있을 뿐이요,
비밀이 감춘 것은 있음이 없느니라.

(卷第五 如來性品)

於乘緩者乃名爲緩 於戒緩者不名爲緩 菩薩摩訶
薩於此大乘
어승완자내명위완 어계완자불명위완 보살마하
살어차대승
心不懈慢 是名本戒
심불해만 시명본계

승乘에 느슨한 것을 곧 느슨함이라고 이름하거니와 계
戒에 느슨한 것은 느슨함이라고 이름하지 않나니 보살마하
살은 이 대승에 마음이 해만懈慢[125]하지 않을새 이 이름이 본
계本戒니라.

(卷第六 如來性品)

---

125) 해태懈怠. 교만의 뜻.

當依四法 何等爲四 依法不依人 依義不依語

당의사법 하등위사 의법불의인 의의불의어

依智不依識 依了義經不依不了義經

의지불의식 의요의경불의불요의경

마땅히 사법四法에 의하여야 하리니 무엇 등이 넷이 되
는가 하면,

법에 의하고 사람에 의하지 않으며 뜻에 의하고 말에
의하지 않으며 지智에 의하고 식識에 의하지 않으며 요의경
了義經[126]에 의하고, 불요의경不了義經에 의하지 않음이니라.

迦葉復言 拘尸那城 旃茶羅名曰歡喜 佛記是人

由一發心

가섭부언 구시나성 전다라명왈환희 불기시인

유일발심

當於此界千佛數中 速成無上正眞之道 以何等故

당어차계천불수중 속성무상정진지도 이하등고

126) 가르침을 완전히 나타내고 있는 대승大乘의 경전. 명료한 의미가 완전히 해명된
것. 완전한 교설을 말함. 불요의경의 대가 되는 것.

如來不記尊者舍利弗目揵連等速成佛道 佛言
여래불기존자사리불목건연등속성불도 불언
善男子或有聲聞緣覺菩薩作誓願言 我當久久護持
正法然後
선남자혹유성문연각보살작서원언 아당구구호지
정법연후
乃成無上佛道 以發速願 故與速記
내성무상불도 이발속원 고여속기

가섭이 다시 말하되, 구시나성에 전다라旃荼羅가 있으니
이름하여 가로되 환희이거니와 부처님께서 이 사람이 한
번 발심함을 말미암아 응당 이 세계의 천불千佛의 수 가운
데에 들어서 속히 위 없고 바르고 참다운 도를 성취하리라
고 수기하면서 무엇 등의 연고로써 존자인 사리불과 목건
련目揵連[127] 등에게는 속히 불도를 성취하라고 수기하지 않으
십니까.

부처님께서 말씀하시되, 혹 어떤 성문연각보살은 서원
을 지어 말하되, 나는 마땅히 오래오래 정법을 호지護持한

---

127) 부처님의 10대 제자 중의 한 사람으로 신통 제일. 목련존자라고도 함.

연후에 곧 위 없는 불도를 성취하리라 하나니 속원速願을 발
하기 때문에 고로 속기速記를 주느니라.

(卷第十 如來性品)

隨發速願 故與速記 護正法者 爲授速記
수발속원 고여속기 호정법자 위수속기

속원 발함을 따를새 고로 속기를 주거니와 정법을 호지
하는 자에게는 원기遠記를 줌이 되느니라.

(卷第十 如來性品)

復次善男子 我昔於彼波羅棕城轉法輪時 說無常
苦空無我 今於此間
부차선남자 아석어피바라나성전법륜시 설무상
고공무아 금어차간
拘尸那城轉法輪時 說常樂我淨.
구시나성전법륜시 설상락아정

다시 다음에 선남자여 내가 옛적에 저 바라내성에서 법륜을 굴릴 때는 무상, 고, 공, 무아라고 설하였지만 이제 차간인 구시나성에서 법륜을 굴릴 때는 상락아정常樂我淨[128]이라고 설하노라.

(卷第十四 四聖行品)

是有是無 是名空空 是是非是是 是名空空
시유시무 시명공공 시시비시시 시명공공

이 있기도 하고 이 없기도 한 이 이름이 공공空空이며 이 시是가 비시非是 의 시是일새 이 이름이 공공空空이니라.

(卷第十六 梵行品)

---

128) 어떠한 것의 진실된 존재에 반하여, 무상無常을 상常, 고苦를 낙樂, 무아無我를 아我, 부정不淨을 정淨이라고 생각하는 것. 이것을 범부凡夫의 4전도顚倒라 함. 열반의 4덕을 나타냄. 열반은 영원하며, 안락에 가득 차고 절대이며, 청정하기 때문임. 1. 상常: 열반의 경지는 생멸 변천함이 없는 덕. 2. 낙: 생사의 고통을 여의어 무위안락無爲安樂한 덕. 3. 아: 망집妄執의 아를 여의고 8대 자재가 있는 진아眞我. 4. 정: 번뇌의 더러움을 여의어 담연청정湛然淸淨. 법계의 4가지 속성을 말함.

善男子菩薩摩訶薩 修行如是大涅槃經 諦知菩薩
無量劫來
선남자보살마하살 수행여시대열반경 제지보살
무량겁래
不從兜率降神母胎 乃至拘尸那城入般涅槃 是名
菩薩摩訶薩
부종도솔강신모태 내지구시나성입반열반 시명
보살마하살
正直之見
정직지견

선남자여 보살마하살이 이와 같은 대열반경을 수행하
면 보살이 무량겁래로 도솔천으로 좇아 모태에 강신降神하
거나 내지 구시나성에서 반열반般涅槃에 들지 않았음을 자세
히 알리니 이 이름이 보살마하살의 정직한 견해이다.

(卷第二十一 光明遍照高貴德王菩薩品)

復次 善男子 云何復名甚深之義 雖知衆生
實無有我
부차 선남자 운하부명심심지의 수지중생
실무유아

而於未來不失業果 雖知五陰於此滅盡 善惡之業
終不敗亡
이어미래부실업과 수지오음어차멸진 선악지업
종불패망

雖有諸業 不得作者 雖有至處 无有去者 雖有繫縛
수유제업 부득작자 수유지처 무유거자 수유계박

无雖縛者 雖有涅槃 亦無滅者 是名甚深祕密之義
무수박자 수유열반 역무멸자 시명심심비밀지의

다시 다음에 선남자여 무엇을 다시 심히 깊은 뜻이라고
이름하는가 하면 비록 중생이 실로 아我가 있음을 없는 줄
알지만, 미래에 업과를 잃지 않으며 비록 오음五陰[129]이 여기
에서 멸하여 없어짐을 알지만,

선악의 업은 마침내 패망하지 않으며 비록 모든 업이

---

129) 오온五蘊과 같음. 색수상행식色受想行識의 5종류의 근본.

있지만 짓는 자를 얻지 못하며 비록 이르는 곳은 있지만 가
는 자는 있음이 없으며 비록 계박繫縛[130]은 있지만 계박을 받
는 자가 없으며 비록 열반은 있지만 또한 멸하는 자가 없나
니 이 이름이 심히 깊은 비밀의 뜻이니라.

(卷第二十一 光明遍照高貴德王菩薩品)

如來之身實非微塵 以自在故現微塵身 如是自在
則爲大我
여래지신보비미진 이자재고현미진신 여시자재
즉위대아

여래의 몸은 실로 미진微塵이 아니지만 자재를 쓰는 연
고로 미진의 몸을 시현하나니 이와 같이 자재함이 곧 대아
大我가 되느니라.

(卷第二十三 光明遍照高貴德王菩薩品)

---

130) 구속. 마음의 번뇌. 망상 등으로 인해 어지러운 상태에 있는 것. 묶여서 자유를 잃
고 있는 것. 해탈의 반대. 예속隸屬된 상태.

涅者言不 槃者言織 不織之義名爲涅槃 槃又言復

열자언부 반자언직 부직지의명위열반 반우언부

不復之義乃名涅槃 槃言去來 不去不來乃名涅槃

불부지의내명열반 반언거래 불거불래내명열반

槃者言取 不取之義乃名涅槃 槃言不定 定無不定

乃名涅槃

반자언취 불취지의내명열반 반언부정 정무부정

내명열반

槃言新故 無新故義乃名涅槃 槃言障㝵 无障㝵義

乃名涅槃

반언신고 무신고의내명열반 반언장애 무장애의

내명열반

열涅이란 것은 부不를 말함이요,

반槃이란 것은 직織을 말함이니 부직不織의 뜻이 곧 이름
이 열반이 되느니라.

반은 또 부復를 말함이니 불부不復의 뜻이 곧 이름이 열
반이며 반은 거래去來를 말함이니 불거불래不去不來가 곧 이
름이 열반이며 반이란 것은 취取를 말함이니 불취의 뜻이
곧 이름이 열반이며 반은 부정不定을 말함이니 정定이 부정
不定이 없음이 곧 이름이 열반이며 반은 신고新故를 말함이

니 신고가 없는 뜻이 곧 이름이 열반이며 반은 장애를 말함
이니 장애가 없는 뜻이 곧 이름이 열반이니라.

(卷第二十五 光明遍照高貴德王菩薩品)

若知如來常佛說法 亦名菩薩具足多聞 何以故
法無性故
약지여래상불설법 역명보살구족다문 하이고
법무성고
如來雖說一切諸法 常無所說 是名菩薩修大涅槃
여래수설일체제법 상무소설 시명보살수대열반

만약 여래가 항상 설법하지 않는 줄 안다면 또한 이름
이 보살이 다문多聞을 구족함이니 무슨 연고냐,
　　법의 성품이 없는 연고니라.
　　여래가 비록 일체의 모든 법을 설하더라도 항상 설한
바가 없나니 이 이름이 보살이 대열반을 닦음이니라.

(卷第二十六 光明遍照高貴德王菩薩品)

道有三種 謂下上中 下者 梵天無常 謬見是常 上者
生死無常

도유삼종 위하상중 하자 범천무상 유견시상 상자
생사무상

謬見是常 三寶是常 橫計无常 何故名上 能得寂上

유견시상 삼보시상 횡계무상 하고명상 능득최상

阿耨多羅三藐三菩提故 中者 名第一義空 无
常見無常

아뇩다라삼먁삼보리고 중자 명제일의공 무
상견무상

常見於常 第一義空 不名爲下 何以故 一切凡夫
所不得故

상견어상 제일의공 불명위하 하이고 일체범부
소부득고

不名爲上 何以故 卽是下故 諸佛菩薩所修之道
不上不下

불명위상 하이고 즉시하고 제불보살소수지도
불상불하

以是義故 名爲中道

이시의고 명위중도

도에 세 종류가 있다.

이르자면 하상중下上中이니라.

하下는 범천梵天은 무상無常이건마는 이 상常이라고 잘못 보는 것이다.

상上은 생사는 무상無常이건만 이 상常이라고 잘못 보며 삼보三寶는 이 상常이건만 무상無常이라고 이치에 맞지 않게 계교함이라, 무슨 연고로 이름이 상上인가 하면 능히 최상의 아뇩다라삼먁삼보리를 얻는 연고다. 중中은 이름이 제일의공第一義空이니 무상無常은 무상으로 보고 상常은 상으로 봄이니라.

제일의공第一義空을 하下라고 이름하지 않나니 무슨 연고냐, 일체의 범부가 얻지 못하는 연고며 상上이라고 이름하지 않나니 무슨 연고냐, 곧 이 하下인 연고며 제불보살의 닦는바 도는 상上도 아니고 하下도 아닐새 이 뜻을 쓰는 연고로 중도中道라고 이름하느니라.

(卷第二十七 師子吼菩薩品)

善男子如來有因緣故 說無我爲我 眞實无我雖作
是說 無有虛妄 善男

선남자여래유인연고 설무아위아 진실무아수작
시설 무유허망 선남

子有因緣故 說我爲無我 而實有我爲世界 故雖說
無我而无虛妄 佛性

자유인연고 설아위무아 이실유아위세계 고수설
무아이무허망 불성

無我如來說我 以其常故 如來是我 而說無我
得自在故

무아여래설아 이기상고 여래시아 이설무아
득자재고

선남자여, 여래가 인연이 있는 고로 무아無我를 아我가
된다고 설하지만 진실은 무아이므로 비록 이 설을 짓더라
도 허망함이 있지 않다.

선남자여, 인연이 있는 고로 아我를 무아無我가 된다고
설하지만 실은 아我가 있어 세계가 되는 고로 비록 무아라
고 설하더라도 허망이 없느니라. 성불이 무아이지만 여래
가 아我라고 설함은 그 상常을 쓰는 연고며 여래는 이 아我이
지만 무아라고 설함은 자재自在를 얻은 연고이다.

(卷第二十七 師子吼菩薩品)

善男子十二因緣 一切衆生等共有之 亦内亦外 何
等十二 過去煩惱

선남자십이인연 일체중생등공유지 역내역외 하
등십이 과거번뇌

名爲無明 過去業者 則名爲行 現在世中初始受胎
是名爲識

명위무명 과거업자 즉명위행 현재세중초시수태
시명위식

入胎五分四根未具 名爲名色 具足四根未名觸時
是名六入

입태오분사근미구 명위명색 구족사근미명촉시
시명육입

未別苦樂 是名爲觸 染習一愛 是名爲受 習根五欲
是名爲愛

미별고락 시명위촉 염습일애 시명위수 습근오욕
시명위애

內外貪求 是名爲取 爲内外事 起身口意業 是名爲
有 現在世識

내외탐구 시명위취 위내외사 기신구의업 시명위
유 현재세식

名未來生 現在名色 六入觸受 名未來世老病死也
是名十二因緣
명미래생 현재명색 육입촉수 명미래세노병사야
시명십이인연

　　선남자여, 십이인연十二因緣을 일체중생이 평등하게 공
유하여 또는 내內이기도 하고, 또는 외外이기도 하나니 무엇
등이 십이 인가 하면 과거번뇌를 무명無明이라고 이름하며
과거업過去業을 곧 행行이라고 이름하며,

　　현재세 가운데의 처음 비로소 수태受胎함을 이 이름이
식識이 되며 입태入胎 하였으나 오분사근五分四根을 구족하지
못했음을 명색名色이라고 이름하며, 사근四根은 구족하였으
나 촉觸이라고 이름하지 못할 때를 이 이름이 육입六入이며,
고락을 분별하지 못함을 이 이름이 촉觸이 되며,

　　일애一愛를 염습染習함을 이 이름이 수受가 되며, 오욕을
익혀 친근함을 이 이름이 애愛가 되며, 안팎으로 탐구貪求함
을 이 이름이 취取가 되며, 안팎의 일을 위하여 몸과 입과
뜻의 업을 일으킴을 이 이름이 유有가 되며, 현재세의 식識
이 이름이 미래생未來生이며 현재의 명색名色, 육입六入, 촉觸,
수受가 이름이 미래세의 노병사老病死이니 이름이 십이인연
十二因緣이라고 한다.

　　(卷第二十七 師子吼菩薩品)

譬如有人往陶師所 問有瓶不 答言有瓶 而是陶師
實未有瓶
비여유인왕도사소 문유병하 답언유병 이시도사
실미유병

以有泥故 故言有瓶 當知是人非妄語也 乳中有酪
이유니고 고언유병 당지시인비망어야 유중유락

衆生佛性亦復如是 欲見佛性 應當觀察時節形色
중생불성역부여시 욕견불성 응당관찰시절형색

비유컨대 어떤 사람이 질그릇 굽는 사람의 처소에 가서
묻되 병이 있는가, 답해 말하되, 병이 있노라 한다면 이 도
공이 실로 병이 있지 않더라도 진흙이 있는 연고로써 고로
병이 있다고 말했다면 마땅히 알라.

이 사람은 망어妄語가 아니다. 우유 중에 낙酪이 있듯이
중생의 불성도 또한 다시 이와 같나니 불성을 보고자 할진
댄 응당 시절형색時節形色을 관찰하여야 한다.

(卷第二十八 師子吼菩薩品)

如拔堅木 先以手動 後則易出 菩薩定慧亦復如是
여발견목 선이수동 후즉이출 보살정혜역부여시
先以定動 後以智拔
선이정동 후이지발

견고한 나무를 뽑으려 하면 먼저 손으로써 움직이면 뒤
에 곧 쉽게 나옴과 같이 보살의 정혜定慧도 또한 다시 이와
같아서,

먼저 정定으로써 움직이고 뒤에 지혜로써 뽑을지니라.

(卷第三十一 師子吼菩薩品)

定相者名空三昧 慧相者名無願三昧 捨相者名
無相三昧
정상자명공삼매 혜상자명무원삼매 사상자명
무상삼매

정상定相이란 것은 이름이 공삼매空三昧이며
혜상慧相이란 것은 이름이 무원삼매無願三昧이며
사상捨相이란 것은 이름이 무상삼매無相三昧이다.

菩薩摩訶薩得阿耨多羅三藐三菩提心時 一切諸業
總得現報
보살마하살득아뇩다라삼먁삼보리심시 일체제업
총득현보

보살마하살이 아뇩다라삼먁삼보리를 얻을 때엔 일체
의 모든 업을 다 현보現報로 얻느니라.

(卷第三十一 師子吼菩薩品)

善男子如大獅子 殺香象時 皆盡其力 殺兔亦尒
不生輕想
선남자여대사자 살향상시 개진기력 살토역이
불생경상
諸佛如來亦復如是 爲諸菩薩及闡提 演說法時
功用無二
제불여래역부여시 위제보살급천제 연설법시
공용무이

선남자여, 큰 사자가 향상香象을 죽일 때도 그 힘을 다하며,
토끼를 죽임에도 또한 그러하여 가벼운 생각을 내지 않

음과 같이 제불 여래도 또한 다시 이와 같아서 모든 보살
및 일천제一闡提[131]를 위해 법을 연설할 때 공용功用이 둘이 없
느니라.

(卷第三十三 迦葉菩薩品)

若有智者 我於是人終不作二 是亦謂我不作二說
약유지자 아어시인종부작이 시역위아부작이설

於無智者作不定說 而是無智亦不謂我作不定說
어무지자작부정설 이시무지역부위아작부정설

만약 지혜가 있는 자면 내가 이 사람에게 마침내 이설
二說을 짓지 않으며 이 사람 또한 나를 일러 이설二說을 짓지
않는다. 하거니와 지혜 없는 자에게 부정설不定說을 지으면
이 지혜 없는 이도 또한 다시 나를 일러 부정설不定說을 짓는
다고 하느니라.

(卷第三十三 迦葉菩薩品)

131) 단선근斷善根. 신불구족信不具足이라고 한역한다. 선근善根이 끊어져 구원될 가망이
없는 자. 성불할 수 없는 자. 아무리 수행하여도 절대로 깨달을 수 없는 자. 성불의 소질
이 전혀 없는 자. 일천제一闡提가 성불할지 못할지의 논쟁은 중국, 한국, 일본에 있어서
불성론佛性論의 큰 문제가 되었다.

是故我於餘經中說 五種衆生不應還爲說五種法

시고아어여경중설 오종중생불응환위설오종법

爲不信者不讚正信 爲毁禁者不讚持戒 爲慳貪者

不讚布施

위불신자불찬정신 위훼금자불찬지계 위간탐자

불찬보시

爲懈怠者不讚多聞 爲愚癡者不讚智慧

위해태자불찬다문 위우치자불찬지혜

　　이런 연고로 내가 여타의 경중에서 설하되 다섯 종류
의 중생에겐 응당 도리어 다섯 가지의 법을 설하지 말라 하
였으니, 믿지 않는 자를 위해서 바른 믿음을 찬탄하지 말며,
훼금자毁禁者를 위해서 지계持戒를 찬탄하지 말며, 간탐자慳
貪者를 위해서 보시를 찬탄하지 말며, 해태자懈怠者를 위해서
다문多聞을 찬탄하지 말며, 우치자愚癡者를 위해서 지혜를 찬
탄하였느니라.

　　(卷第三十三 迦葉菩薩品)

是故我先於餘經中告舍利弗 汝愼無爲利根之人
廣說法語
시고아선어여경중고사리불 여신무위이근지인
광설법어
鈍根之人略說法也
둔근지인략설법야

이런 고로 내가 먼저 여타의 경중에서 사리불에게 고하
되 너는 삼가하여 예리한 근기의 사람에게 법어를 광설廣說
하거나 우둔한 근기의 사람에게 법을 생략하여 설함이 없
어야 한다고 하였느니라.

(卷第三十三 迦葉菩薩品)

是故如來於是經中 說如是言 一切衆生定有佛性
是名爲著
시고여래어시경중 설여시언일체중생정유불성
시명위저
若无佛性 是名虛妄 智者應說 衆生佛性亦有亦無
약무불성 시명허망 지자응설 중생불성역유역무

이런 고로 여래가 이 경중에 이와 같이 설하여 말하되, 일체중생이 꼭 불성이 있다고 하면, 이 이름이 집착되며 만약 불성이 없다고 하면, 이 이름이 허망이니 지혜로운 자는 응당 중생의 불성은 또는 있기도 하고 또는 없기도 하다고 설하느니라.

(卷第三十五 迦葉菩薩品)

若人信心無有智惠 是人則能增長無明
약인신심무유지혜 시인즉능증장무명
若有智惠無有信心 是人則能增長邪見
약유지혜무유신심 시인즉능증장사견

만약 사람이 신심信心에 지혜가 있지 않으면
이 사람은 곧 능히 무명을 증장하고
만약 지혜는 있으나 신심이 있지 않으면
이 사람은 곧 능히 사견邪見을 증장하느니라.

(卷第三十六 迦葉菩薩品)

若復說言 一闡提人能生善根 生善根已 相續不斷

약부설언 일천제인능생선근 생선근이 상속부단

得阿耨多羅三藐三菩提 當知是人不謗三寶

득아뇩다라삼먁삼보리 당지시인불방삼보

만약 다시 설하여 말하되, 일천제인一闡提人도 능히 선근을 내고 선근을 내고 나서 상속부단하여 아뇩다라삼먁삼보리를 얻는다 하면 마땅히 알라. 이 사람은 삼보를 비방하지 않음이니라.

(卷第三十六 迦葉菩薩品)

善男子無物者卽是虛空 佛性易尒善男子虛空無故

非三世攝

선남자무물자즉시허공 불성역이선남자허공무고

비삼세섭

佛性常故非三世攝 善男子如來已得阿耨多羅三

藐三菩提

불성상고비삼세섭 선남자여래이득아뇩다라삼

먁삼보리

所有佛性 一切佛法 常無變易 以是義故 無有三世

소유불성 일체불법 상무변역 이시의고 무유삼세

猶如虛空 善男子虛空無故非內非外 佛性常故

非內非外

유여허공 선남자허공무고비내비외 불성상고

비내비외

故說佛性猶如虛空

고설불성유여허공

선남자여, 물건이 없다는 것은 곧 이 허공이며 불성도
또한 그러하니라. 선남자여, 허공은 없는 연고로 삼세에 거
두어지지 않으며 불성은 상常인 연고로 삼세에 거두어지지
않느니라.

선남자여, 여래는 이미 아뇩다라삼먁삼보리를 얻었으
므로 있는바 불성과 일체의 불법이 늘 변역變易하지 않을 새
이 뜻을 쓰는 연고로 삼세가 있음 없음이 허공과 같으니라.

선남자여, 허공은 없음인 연고로 안도 아니고 밖도 아
니며 불성은 상常인 연고로 안도 아니고 밖도 아니니 고로
불성이 마치 허공 같다고 설하느니라.

(卷第三十七 迦葉菩薩品)

善男子一切世間 無非虛空對於虛空 迦葉菩
薩白佛言

선남자일체세간 무비허공대어허공 가섭보
살백불언

世尊世間亦無非四大對 而猶得名四大是有
虛空無對

세존세간역무비사대대 이유득명사대시유
허공무대

何故不得名之爲有 佛言 善男子若言涅槃
非三世攝

하고부득명지위유 불언 선남자약언열반
비삼세섭

虛空亦爾者 是義不然 何以故 涅槃是有 可見可證

허공역이자 시의불연 하이고 열반시유 가견가증

是色足跡章句 是有是相 是緣是歸依處 寂靜光明
安隱彼岸

시색족적장구 시유시상 시연시귀의처 적정광명
안은피안

是故得名非三世攝 虛空之性 無如是法 是故名無
시고득명비삼세섭 허공지성 무여시법 시고명무

선남자여, 일체 세간에 허공 아닌 것으로 허공에 상대할 게 없느니라. 가섭보살이 부처님께 사뢰어 말하되, 세존이시여, 세간에는 또한 사대四大 아닌 것으로 상대할 게 없지만, 오히려 사대가 이 있음이라는 이름을 얻거늘 허공의 상대할 게 없는 것은 무슨 연고로 있음이 된다는 이름을 얻지 못합니까.

부처님께서 말씀하시되, 선남자여, 만약 열반이 삼세에 거두어지지 않는다고 하여 허공 또한 그러한 것이라고 말한다면 이 뜻이 그렇지 않나니 무슨 연고냐.

열반은 이 있음이며 가히 보며 가히 증득하며, 이 색의 발자취인 장구章句며 이 있음이며 이 모양이며 이 연緣이며 이 귀의처며 적정寂靜이며 안은安隱이며 치안일새.

이런 고로 삼세에 거두어지지 않는다는 이름을 얻거니와 허공의 성품은 이와 같은 법이 없을새 이런 고로 없다고 이름하느니라.

(卷第三十七 迦葉菩薩品)

佛言 善男子色是無常 解脫色常 乃至識是無常
불언 선남자색시무상 해탈색상 내지식시무상
解脫識常 善男子若有善男子善女人 能觀色乃至
識是無相者
해탈식상 선남자약유선남자선여인 능관색내지
식시무상자
當知是人獲得常法
당지시인획득상법

부처님께서 말씀하셨다.

선남자여, 색은 이 무상無常이지만 해탈색解脫色은 상常이
며 내지 식識은 이 무상이지만 해탈식은 상이니라.

선남자여, 만약 어떤 선남자 선여인이 능히 색 내지 식
이 이 무상임을 관찰하는 자면 마땅히 알라.

이 사람은 상법常法[132]을 획득하였음이니라.

(卷第三十九 憍陳如品)

---

132) 언제라도 행해지는 영원한 규칙.

發心畢竟二不別 如是二心先心難 自未得度先度
他 是故我禮初發心
발심필경이불별 여시이심선심난 자미득도선도
타 시고아예초발심

발심과 필경인 둘이 다르지 않거니와 이와 같은 두 마음에 선심先心이 어려우니 자기는 득도得度하지 못하더라도 먼저 남을 제도할새 이런 고로 나는 초발심에 예배하노라.

(卷第三十八 迦葉菩薩品)

唯有諸佛能讚佛 除佛無能讚歎者 我今唯以一法
讚 所謂慈心遊世間
유유제불능찬불 제불무능찬탄자 아금유이일법
찬 소위자심유세간

오직 모든 부처님이라야 능히 부처님을 찬탄할 수 있고 부처님을 제하고서는 능히 찬탄할 자 없느니라.
내가 이제 오직 일법으로써 찬탄하나니, 이른바 자심慈心으로 세간에 유희하시네.

(卷第三十八 迦葉菩薩品)

『열반경涅槃經』의 내용

　　『열반경涅槃經』은 석가모니 부처님의 열반을 종교적, 철학적으로 이해시키기 위하여 편찬한 불교경전이다.

　　담무참曇無讖이 416년에서 423년 사이에 번역한 북본北本 40권본과 혜엄慧嚴등이 420년에서 479년 사이에 번역한 남본南本 36권본이 있다. 우리나라에서 유통되어왔던 것은 북본이다.

　　『열반경涅槃經』은 대승불교의 몇 가지 중요한 사상을 천명하였고, 이것 들은 우리나라 불교의 중심사상으로 채택되고 있다.

　　불신佛身이 상주常住한다는 사상으로 석가모니 부처님의 죽음을 눈앞에 두고 비탄에 잠겨있던 성문聲聞들에게 불신의 진정한 의미를 알려 주고 있다. 즉 여래의 몸은 법신法身이기 때문에 색신色身으로 보아서는 안 된다는 것이다.

　　그리고 여래의 법신이 상락아정常樂我淨임을 밝혀서 『열반경涅槃經』이전의 부정적이고 소극적이었던 무상無常, 무아無我, 공空, 고苦의 입장을 긍정적이고도 적극적인 새로운 차원의 세계로 인도하고 있다. 또한 여래의 몸은 금강신金剛身으로서 상주하는 몸이요, 허물어지지 않는 불괴不壞의 몸이며, 법신이라는 불신관佛身觀을 천명하였다. 또, 이와 같은 불신관에 따라서 열반의 궁극적인 가치를 선언하였다.

열반에는 상常, 항恒, 안安, 청淸, 량凉, 불노不老, 불사不死, 무구無垢, 쾌락快樂의 팔미八味가 있다고 한다. 또, 일체중생에게 모두 성불이 있다는 사상이다. 대승불교 초기에 성불할 수 있다고 보았던 성문聲聞, 연각緣覺 등의 수행자들뿐만 아니라 죄 많은 존재로서 도저히 구제할 길이 없다고 낙인찍혀 온 일천제一闡提까지도 성불할 수 있다는 폭넓은 사상으로 발전하게 되었다.

이 경은 열반涅槃의 어의語意, 불성佛性의 어미語味 등 대승 철학의 여러 개념에 관한 세밀한 현대적 분석을 가함에 있어서, 우리나라 삼국 및 신라의 고승들에 의해서는 의견이 분분한 것을 제외한 신라 승려 6인의 12종류 저술 가운데 원효元曉의 「열반종요涅槃宗要」 1종만이 남아 있어 신라 승려의 『열반경』에 대한 이해와 깊은 식견을 알 수 있다. 이 경에 대한 연구는 고려와 조선시대에는 전혀 이루어지지 않았다고 한다.

❖ 열반경의 요지는 불신상주佛身常住, 열반사덕涅槃四德, 일체중생 실유불성一切衆生悉有佛性, 상락아정常樂我淨에 있다.

반야경

『대반야바라밀다경大般若波羅蜜多經』

(당현장역唐玄奘譯)

尒時舍利子白佛言 世尊云何菩薩 摩訶薩應行般若
波羅蜜多

이시사리자백불언 세존운하보살 마하살응행반야
바라밀다

佛告具壽舍利子言 舍利子菩薩摩訶薩壽行般若
波羅蜜多時

불고구수사리자언 사리자보살마하살수행반야
바라밀다시

應如是觀 實有菩薩 不見有菩薩 不見菩薩名 不見
般若波羅蜜多

응여시관 실유보살 불견유보살 불견보살명 불견
반야바라밀다

不見般若波羅蜜多名 不見行 不見不行

불견반야바라밀다명 불견행 불견불행

何以故 舍利子菩薩自性空 菩薩名空

하이고 사리자보살자성공 보살명공

所以者何 色自性空

소이자하 색자성공

不由空故色空非色 色不離空 空不離色 色卽是空
空卽是色

불유공고색공비색 색불이공 공불이색 색즉시공
공즉시색

受想行識自性空 不由空故受想行識空非受想行識
受想行識不離空

수상행식자성공 불유공고수상행식공비수상행식
수상행식불이공

空不離受想行識 受想行識卽是空 空卽是
受想行識

공불이수상행식 수상행식즉시공 공즉시
수상행식

何以故 舍利子此但有名謂爲普堤 此但有名
謂爲薩埵

하이고 사리자차단유명위위보리 차단유명
위위살타

此但有名謂爲菩提薩埵 此但有名謂之爲空 此但
有名謂之爲色受想行

차단유명위위보리살타 차단유명위지위공 차단
유명위지위색수상행

識 如是自性無生無滅 無染無淨 菩薩摩訶薩

식 여시자성무생무멸 무염무정 보살마하살

如是行般若波羅蜜多 不見生不見滅 不見
染不見淨

여시행반야바라밀다 불견생불견멸 불견
염불견정

何以故 但假立客名 別別於法而起分別 假立客名
隨起言說 如如言

하이고 단가립객명 별별어법이기분별 가립객명
수기언설 여여언

說 如是如是生起執着 菩薩摩訶薩修行般若波
羅蜜多時

설 여시여시생기집착 보살마하살수행반야바
라밀다시

於如是等一切不見 由不見故不生執着

어여시등일체불견 유불견고불생집착

이때 사리자가 부처님께 사뢰어 말하되, 세존이시여, 어떻게 하여야 보살마하살이 마땅히 반야바라밀다를 행합니까?

부처님께서 구수具壽 사리자에게 고하여 말씀하시되, 보살마하살이 반야바라밀다를 수행할 때 응당 이와 같이 관할지니 실로 보살이 있으되 보살 있음으로 보지 않으며 보살이란 이름을 보지 않으며 반야바라밀다를 보지 않으며 반야바라밀다는 이름을 보지 않으며 행을 보지 않으며 행 아님을 보지 않나니 무슨 연고냐, 사리자여 보살의 자성이 공했으며 보살이란 이름도 공 했음이다.

소이란 것이 어떤 것이냐, 색의 자성이 공하였음이지 공을 말미암은 고로 색이 공하여 색이 아님이 아니니 색이 공을 여의지 않고 공이 색을 여의지 않으므로 색이 곧 이 공이요, 공이 곧 이 색이니라. 수상행식의 자성이 공하였음이지 공을 말미암은 고로 수상행식이 공하여 수상행식이 아님이 아니니 수상행식이 공을 여의지 않고 공이 수상행식을 여의지 않으므로 수상행식이 곧 공이요, 공이 곧 이 수상행식이니라.

무슨 연고냐, 사리자여, 이는 다만 이름만 있어서 보리가 된다고 이르는 것이며 이는 다만 이름만 있어서 살타가 된다고 이르는 것이며 이는 다만 이름만 있어서 보리살타가 된다고 이르는 것이며 이는 다만 이름만 있어서 공이 된다고 이르는 것이며 이는 다만 이름만 있어서 이를 일러 색수상행식이 된다고 하나니 이와 같이 자성은 생도 없고 멸도 없고 물듦도 없고 깨끗함도 없느니라.

보살마하살이 이와 같이 반야바라밀다를 행하면 생도 보지 않고 멸도 보지 않으며 물듦도 보지 않고 깨끗함도 보지 않나니 무슨 연고냐, 다만 객명客名을 거짓으로 세웠건만 자꾸 분별하여 법에 분별을 일으키며 객명을 거짓으로 세웠건만 언설言說 일으킴을 따라 언설에 자꾸 같아져서 이러저러한 집착을 내어 일으키거니와 보살마하살이 반야바라밀다를 수행할 때 이와 같은 등을 일체 보지 않으면 보지 않음을 말미암는 고로 집착을 내지 않느니라.

(卷第四 學觀品)

善現白佛言 世尊云何內空 佛言 善現內謂內法
선현백불언 세존운하내공 불언 선현내위내법

卽是眼耳鼻舌身意 此中眼由眼空 何以故
즉시안이비설신의 차중안유안공 하이고

非常非壞本性尒故 耳鼻舌身意由耳鼻舌身意空
비상비괴본성이고 이비설신의유이비설신의공

何以故 非常非壞本性尒故
하이고 비상비괴본성이고

선현善現(수보리)이 부처님께 사뢰어 말하되, 세존이시여, 어찌하여 내공內空입니까? 부처님께서 말씀하시되, 선현이여, 내內는 내법內法을 말함이니 곧 이, 눈, 귀, 코, 혀, 몸, 뜻이니라. 이 중에 눈은 눈이 공했기 때문이니 무슨 연고냐.

상常도 아니며 괴壞도 아니요, 본성이 그러한 연고니라.

귀, 코, 혀, 몸, 뜻도 귀, 코, 혀, 몸, 뜻이 공했기 때문이니 무슨 까닭이냐, 상도 아니며 괴도 아니요, 본성이 그러한 연고니라.

(卷第五十一 大乘鎧品)

復次善現汝問如是大乘 從何處出 至何處住者
부차선현여문여시대승 종하처출 지하처주자
善現如是大乘 從三界中出 至一切智智中住
선현여시대승 종삼계중출 지일체지지중주
由爲一切智智而出三界故 然無二故 無出無至
유위일체지지이출삼계고 연무이고 무출무지

所以者何 若大乘若一切智智 如是二法 非相應
非不相應
소이자하 약대승약일체지지 여시이법 비상응
비불상응
非有色非無色 非有見非無見 非有對非無對
비유색비무색 비유견비무견 비유대비무대
咸同一相 所謂無相 無相之法 無出無至
함동일상 소위무상 무상지법 무출무지

　다시 다음에 선현이여, 네가 물은 이와 같은 대승이 어
느 곳으로 좇아 나와서 어느 곳에 이르러 머무는가 한 것은
선현이여, 이와 같은 대승이 삼계 가운데로 좇아 나와서 일
체지지一切智智[133) 가운데에 이르러 머무나니 일체지지에서
삼계가 나오기 때문이니라.
　그러나 둘이 없는 고로 나옴도 없고 이르름도 없나니
소이란 것이 어떠함이냐, 이 대승과 이 일체지지가 이와 같
은 두 법이 상응함도 아니며 상응치 않음도 아니며 색도 아

---

133)　일체 지자의 지혜. 모든 것을 다 아는 지혜. 불지佛智의 다른 이름. 일체의 지혜 가
운데 가장 뛰어난 지혜. 일체 세계의 일을 아는 것이 일체지이고, 일체를 알뿐 아니라
알체의 궁극의 진실을 더하지도 빼지도 않고 금강金剛 같이 아는 지혜.

니며 색 없음도 아니며 견見이 있음도 아니며 견이 없음도
아니며 대對가 있음도 아니며 대가 없음도 아니라서 다 한
가지로 일상一相이니 이른바 무상無相이니라. 무상의 법은 나
옴도 없고 이르름도 없느니라.

(卷第五十五 辯大乘品)

善現其有欲令無相之法有出有至者
선현기유욕령무상지법유출유지자

則爲欲令色有出有至
즉위욕령색유출유지

所以者何 色不能從三界中出
소이자하 색불능종삼계중출

亦不能至一切智智中住
역불능지일체지지중주

何以故 善現色色自性空故
하이고 선현색색자성공고

善現其有欲令無相之法有出有至者
선현기유욕령무상지법유출유지자

則爲欲令受想行識有出有至
즉위욕령수상행식유출유지

所以者何 受想行識不能從三界中出

소이자하 수상행식불능종삼계중출

亦不能至一切智智中住

역불능지일체지지중주

何以故 善現受想行識受想行識自性空故

하이고 선현수상행식수상행식자성공고

선현이여, 그 무상無相의 법으로 하여금 나옴이 있게 하거나 이름이 있게 하고자 하는 것은 곧 색으로 하여금 나옴이 있게 하거나 이름이 있게 하고자 함이니 소이란 것이 어떤 것이냐 색이 능히 삼계 가운데로 좇아 나오지 못하며 또한 능히 일체지지 가운데에 이르러 머물지 못하나니 무슨 까닭인가.

선현이여, 색이 색의 자성이 공한 연고니라. 그 무상의 법으로 나옴이 있게 하거나 이름이 있게 하는 것이 있는데 곧 수상행식으로 나옴이 있게 하거나 이름이 있게 하고자 함이니 소이란 것이 어떠함이냐 수상행식이 능히 삼계 가운데로 좇아 나오지 못하며 또한 능히 일체지지 가운데에 이르러 머물지 못하나니 무엇 때문이느냐.

선현이여, 수상행식이 수상행식의 자성自性이 공한 연고니라.

(卷第五十五 辯大乘品)

復次善現 汝問如是大乘爲何所住者

부차선현 여문여시대승위하소주자

善現如是大乘都無所住 所以者何

선현여시대승도무소주 소이자하

以一切法皆無所住 何以故 諸法住處不可得故

이일체법개무소주 하이고 제법주처불가득고

善現然此大乘 住無所住

선현연차대승 주무소주

다시 다음에 선현이여,

네가 물은 이와 같은 대승이 어디에 머무는 바가 되는
가 한 것은 선현이여, 이와 같은 대승은 도무지 머무는 바
가 없나니

소이란 것이 어떠함이냐,

일체법이 다 머무는 바 없기 때문이다.

무슨 까닭이냐,

모든 법의 머무는 곳을 가히 얻지 못하는 연고니라.

선현이여, 그러하여 이 대승은 머무는 바 없음에 머무
느니라.

(卷第五十五 辯大乘品)

時諸天子心復念言 尊者善現於今欲爲何等有情

시제천자심부념언 존자선현어금욕위하등유정

說何等法 善現尒時知諸天子心所念事 便告之曰

설하등법 선현이시지제천자심소념사 변고지왈

天子當知 我今欲爲如幻如化如夢有情

천자당지 아금욕위여환여화여몽유정

說如幻如化如夢之法 何以故 如是聽者

설여환여화여몽지법 하이고 여시청자

於所說中 無聞無解無所證故

어소설중 무문무해무소증고

이때 모든 천자가 마음에 다시 생각하여 말하되, 존자 선현이 이제 하등의 유정을 위하여 하등의 법을 설하고자 함인가.

선현이 이때 모든 천자의 마음에 생각하는 바의 일들을 알고서 문득 고하여 가로되 천자여 마땅히 알라.

내가 이제 환幻과 같고 변화(化)와 같고 꿈 같은 유정有情을 위하여 환과 같고 변화와 같고 꿈 같은 법을 설하고자 함이니 무슨 연고냐,

이와 같이 듣는 자는 설한 바 중에 들음이 없고 앎도 없고 증득하는 바 없는 연고니라.

(卷第八十一 天帝品)

時天帝釋卽白佛言 尊者善現於何等法
시천제석즉백불언 존자선현어하등법

不壞假名而說法性 佛告憍尸迦 色但假名
불괴가명이설법성 불고교시가 색단가명

受想行識但假名 如是假名不離法性
수상행식단가명 여시가명불이법성

具壽善現不壞如是色等假名 而說色等法性
구수선현불괴여시색등가명 이설색등법성

所以者何 色等法性 無壞無不壞
소이자하 색등법성 무괴무불괴

是故善現所說 亦無壞無不壞
시고선현소설 역무괴무불괴

이때 천제석이 곧 부처님께 사뢰어 말하되, 존자 선현이 하등의 법에 가명假名을 부수지 않고 법성法性을 설합니까?

부처님께서 고하시되 교시가여 색이 다만 가명이며 수상행식이 다만 가명이지만 이와 같은 가명이 법성을 여의지 않나니 구수선현具壽善現[134]이 이와 같은 색 등의 가명을 부수지 않고 색 등의 법성을 설하느니라.

소이란 것이 어떠함이냐 색 등의 법성이 부숴짐도 없고 부숴지지 않음도 없나니 이런 고로 선현의 설하는 바도 또한 부숴짐도 없고 부숴지지 않음도 없느니라.

(卷第八十五 學般若品)

憍尸迦色大故 菩薩摩訶薩所行般若波羅蜜多亦大
교시가색대고 보살마하살소행반야바라밀다역대
受想行識大故 菩薩摩訶薩所行般若波羅蜜多亦大
수상행식대고 보살마하살소행반야바라밀다역대
所以者何 以色蘊等 前中後際皆不可得 故說爲大
소이자하 이색온등 전중후제개불가득 고설위대
由彼大故 菩薩摩訶薩所行般若波羅蜜多亦說爲大
유피대고 보살마하살소행반야바라밀다역설위대

교시가여, 색이 큰 고로 보살마하살의 행하는바 반야

바라밀다도 또한 크며 수상행식이 큰 고로 보살마하살의
행하는바 반야바라밀다도 또한 크나니 소이란 것이 어떠
함이냐,

색온色蘊 등의 전제중제후제前際中際後際를 다 불가득이기
때문이니 고로 설하되 큼이 된다 하느니라.

저 큼을 말미암는 고로 보살마하살의 행하는 반야바라
밀다도 또한 큼이 된다고 설하느니라.

(卷第九十八 求般若品)

佛言 善現色非縛非解 何以故 以色無所有性 爲
色自性故
불언 선현색비박비해 하이고 이색무소유성 위
색자성고
受想行識非縛非解 何以故 以受想行識無所有性
爲受想行識自性故
수상행식비박비해 하이고 이수상행식무소유성
위수상행식자성고

부처님께서 말씀하시되 선현이여, 색이 묶임 아니고 풀
림 아니니 무슨 연고냐, 색의 무소유성無所有性이 색의 자성이 되기 때문이니라. 수상행식이 묶임 아니고 풀림 아니니 무슨 연고냐, 수상행식의 무소유성이 수상행식의 자성이 되기 때문인 것이다.

(卷第一百八十二 難信解品)

善現答言 舍利子住菩薩乘諸善男子善女人等
선현답언 사리자주보살승제선남자선여인등
若無方便善巧 行般若波羅蜜多時 於色謂空
약무방편선교 행반야바라밀다시 어색위공
起空想着 於受想行識謂空 起空想着
기공상착 어수상행식위공 기공상착

선현이 답하여 말하되, 사리자여 보살승菩薩乘에 머무는 모든 선남자 선여인 등이 만약 방편선교方便善巧[135]가 없다면 반야바라밀다를 행할 때 색이 공이라고 말함엔 공이라는 생각을 일으켜 집착하고 수상행식이 공이라고 말함엔 공이라는 생각을 일으켜 집착하느니라.

135) 수단. 방법에 교묘한 것. 뛰어난 교화방법. 여러 가지로 교묘하게 수단을 강구하는 것.

復次善現 色唯假說故 般若波羅蜜多清淨 受想行
識唯假說故 般若波

부차선현 색유가설고 반야바라밀다청정 수상행
식유가설고 반야바

羅蜜多清淨 世尊云何色唯假說故 般若波羅蜜多
清淨 受想行識唯假

라밀다청정 세존운하색유가설고 반야바라밀다
청정 수상행식유가

說故 般若波羅蜜多清淨 善現如依虛空二事響現
色乃至識亦復如是

설고 반야바라밀다청정 선현여의허공이사향현
색내지식역부여시

唯有假說 色乃至識 唯假說故般若波羅蜜多清淨
유유가설 색내지식 유가설고반야바라밀다청정

다시 다음에 선현이여, 색이 가설일 뿐인 고로 반야바
라밀다가 청정하며 수상행식이 가설일 뿐인 고로 반야바라
밀다가 청정하니라. 세존이시여, 어찌하여 색이 가설일 뿐
인 고로 반야바라밀다가 청정하며 수상행식이 가설일 뿐인
고로 반야바라밀다가 청정합니까?

선현이여, 허공의 두 일에 의하여 메아리가 나타남과 같이 색 내지 식도 또한 다시 이와 같아서 가설이 있을 뿐이며 색 내지 식도 가설일 뿐인 고로 반야바라밀다가 청정하니라.

(卷第二百九十四 說般若相品)

介時具壽善現白佛言 世尊甚深般若波羅蜜多可書
寫不 佛言
이시구수선현백불언 세존심심반야바라밀다가서
사불 불언

善現甚深般若波羅蜜多不可書寫 何以故 善現於
此般若波羅蜜多甚深
선현심심반야바라밀다불가서사 하이고 선현어
차반야바라밀다심심

經中 色自性無所有不可得 受想行識自性無所
有不可得
경중 색자성무소유불가득 수상행식자성무소
유불가득

이 때 구수선현이 부처님께 사뢰어 말하되, 세존이시여, 심히 깊은 반야바라밀다를 가히 써서 베끼겠습니까. 부

처님께서 말씀하시되 선현이여, 심히 깊은 반야바라밀다는
가히 써서 베끼지 못하나니 무슨 연고냐, 선현이여, 이 반야
바라밀다는 심히 깊은 경 가운데 색의 자성이 무소유이며
불가득이며 수상행식의 자성이 무소유요 불가득이니라.

(卷第三百三 魔事品)

善現一切如來應正等覺 所有佛法如來法自然法一
切智智法 皆不可思
선현일체여래응정등각 소유불법여래법자연법일
체지지법 개불가사

議 思議滅故 不可稱量 稱量滅故 無數量 數量滅故
無等等 等等滅
의 사의멸고 불가칭량 칭량멸고 무수량 수량멸고
무등등 등등멸

故 善現由此因緣 一切法亦不可思議 不可稱量無
數量無等等
고 선현유차인연 일체법역불가사의 불가칭량무
수량무등등

선현이여, 일체 여래 응 정등각이 소유한 불법 여래법

자연법 일체 지지법이 다 불가사의니 사의가 멸한 연고며
불가칭량이니 칭량이 멸한 연고며 수량이 없나니 수량이
멸한 연고며 등등이 없나니 등등이 멸한 연고니라.

선현이여, 이 인연을 말미암아 일체법도 또한 불가사의
며 불가칭량이며 수량이 없으며 등등이 없느니라.

(卷第三百十 不思議等品)

善現不可思議者 如虛空不可思議故 不可稱量者
如虛空不可稱量故

선현불가사의자 여허공불가사의고 불가칭량자
여허공불가칭량고

無數量者 如虛空無數量故 無等等者 如虛空
無等等故

무수량자 여허공무수량고 무등등자 여허공
무등등고

善現由此因緣 一切如來應正等覺 所有佛法如來
法自然法一切智智法

선현유차인연 일체여래응정등각 소유불법여래
법자연법일체지지법

皆不可思議不可稱量無數量無等等

개불가사의불가칭량무수량무등등

선현이여, 불가사의란 것은 허공을 가히 사의치 못함과 같은 연고며 불가칭량이란 것은 허공을 가히 칭량치 못함과 같은 연고며 무수량이란 것은 허공이 수량이 없음과 같은 연고며 무등등이란 것은 허공의 등등이 없음과 같은 연고니라.

선현이여, 이 인연을 말미암아 일체 여래응정등각이 소유한 불법 여래법 자연법 일체 지지법을 다 가히 사의치 못하며 가히 칭량치 못하며 수량이 없으며 등등이 없느니라.

(卷第三百十 不思議等品)

善現當知 布施等五波羅蜜多 皆由般若波羅蜜多
所攝受故
선현당지 보시등오바라밀다 개유반야바라밀다
소섭수고
乃得名爲波羅蜜多 若離般若波羅蜜多 布施等五
不得名爲波羅蜜多
내득명위바라밀다 약이반야바라밀다 보시등오
부득명위바라밀다

선현이여, 마땅히 알라. 보시 등 다섯 바라밀다가 다 반야바라밀다에 섭수 되는 바이므로 곧 바라밀다라는 이름을 얻나니 만약 반야바라밀다를 여읜다면 보시 등의 다섯이 바라밀다라고 하는 이름을 얻지 못하느니라.

(卷第三百五十一 多問不二品)

善現習氣相續 實非煩惱 然諸聲聞及諸獨覺
煩惱已斷
선현습기상속 실비번뇌 연제성문급제독각
번뇌이단

猶有以分似貪瞋癡 身語意轉 即說此爲習氣相續
유유이분사탐진치 신어의전 즉설차위습기상속

此在愚夫異生相續 能引無義 非在聲聞獨覺相續
能引無義
차재우부이생상속 능인무의 비재성문독각상속
능인무의

如是一切習氣相續 諸佛永無
여시일체습기상속 제불영무

선현이여, 습기상속習氣相續이 실로 번뇌가 아니니라. 그러나 모든 성문 및 모든 독각이 번뇌를 이미 끊었다지만 오

히려 탐진치와 비슷한 것이 있어서 몸과 말과 뜻에 움직이
나니 곧 이것을 습기상속이 된다고 설하거니와 이것이 우
부愚夫인 이생異生의 상속에 있어서는 능히 뜻 없음을 당기
지만 성문과 독각의 상속에 있어서는 능히 뜻 없음을 당기
지 않는다. 이와 같은 일체의 습기상속이 모든 부처님에겐
영원이 없느니라.

(卷第三百六十三 多問不二品)

佛言 善現若菩薩摩訶薩修遣一切法 是修般若
波羅蜜多
불언 선현약보살마하살수견일체법 시수반야
바라밀다
世尊云何菩薩摩訶薩修遣一切法 是修般若
波羅蜜多
세존운하보살마하살수견일체법 시수반야
바라밀다
善現若菩薩摩訶薩修遣色 亦遣此修 是修般若
波羅蜜多
선현약보살마하살수견색 역견차수 시수반야
바라밀다

修遣受想行識 亦遣此修 是修般若波羅蜜多

수견수상행식 역견차수 시수반야바라밀다

부처님께서 말씀하셨다.

선현이여, 만약 보살마하살이 일체법을 닦아 보내면 이
것이 반야바라밀다를 닦음이니라.

세존이시여, 어떻게 보살마하살이 일체법을 닦아 보냄
이 이 반야바라밀다를 닦음입니까?

선현이여, 만약 보살마하살이 색을 닦아 보내고 또한
이 닦음마저도 보내면 이것이 반야바라밀다를 닦음이며 수
상행식을 닦아 보내고 또한 이 닦음마저도 보내면 이것이
반야바라밀다를 닦음이니라.

(卷第三百七十 遍學道品)

尒時具壽善現白佛言

이시구수선현백불언

世尊若一切法如夢如幻如響如像如光影 如陽焰如

變化事如尋香城

세존약일체법여몽여환여향여상여광영 여양염여

변화사여심향성

所化有情住在何處 諸菩薩摩訶薩行深 般若波羅

蜜多拔濟令出

소화유정주재하처 제보살마하살행심 반야바라

밀다발제영출

佛告善現 所化有情 住在名相虛妄分別

불고선현 소화유정 주재명상허망분별

諸菩薩摩訶薩行深般若波羅蜜多

제보살마하살행심반야바라밀다

從彼名相虛妄分別 拔濟令出

종피명상허망분별 발제영출

이때 구수선현이 부처님께 사뢰어 말하되, 세존이시여,
만약 일체법이 꿈 같고 환 같고 메아리 같고 형상 같고 빛
의 그림자 같고 아지랑이 같고 변화사 같고 신기루 같다면
교화할 바의 유정이 어느 곳에 머물러 있습니까?

모든 보살마하살이 깊은 반야바라밀다를 행하여 발제
拔濟하여 벗어나게 하여야 하리다.

부처님께서 선현에게 고하시되 교화할 유정이 명상名
相 허망虛妄 분별에 머물러 있나니 모든 보살마하살이 깊은
반야바라밀다를 행하여 저 명상 허망 분별로부터 발제하여
벗어나게 하여야 한다.

何謂佛眼 卽本性空名爲佛眼 善現過去如來應正

等覺一切

하이불안 즉본성공명위불안 선현과거여래응정

등각일체

皆以本性空爲佛眼 未來如來應正等覺一切

개이본성공위불안 미래여래응정등각일체

皆以本性空爲佛眼 現在十方無邊世界

개이본성공위불안 현재시방무변세계

所有如來應正等覺一切 皆以本性空爲佛眼

소유여래응정등각일체 개이본성공위불안

무엇을 불안이라고 하는가 하면 곧 본성이 공한 것을
불안이 된다고 이름한다.

선현이여, 과거의 여래응정등각 일체가 다 본성공으로
써 불안을 삼았고 미래의 여래응정등각 일체가 다 본성공
으로써 불안을 삼으실 것이며 현재의 시방 무변세계에 계
시는바 여래응정등각일체도 다 본성공으로써 불안을 삼으
시니라.

時舍利子復白佛言 若菩薩摩訶薩如是學時

시사리자부백불언 약보살마하살여시학시

爲學何法 佛言 舍利子若菩薩摩訶薩如是學時

위학하법 불언 사리자약보살마하살여시학시

於一切法都無所學 何以故 舍利子非一切法

如是而有

어일체법도무소학 하이고 사리자비일체법

여시이유

如諸愚夫異生所執 可於中學 舍利子言 若尒諸法

如何而有

여제우부이생소집 가어중학 사리자언 약이제법

여하이유

佛言 諸法如無所有 如是而有 若於如是無所有法

불언 제법여무소유 여시이유 약어여시무소유법

不能了達 說明無明

불능요달 설명무명

이때 사리자가 다시 부처님께 사뢰어 말하되, 만약 보
살마하살이 이와 같이 배울 때 어떤 법을 배워야 합니까?
　부처님께서 말씀하시되 사리자여 만약 보살마하살이

이와 같이 배울 때라면 일체법에 도무지 배울 바가 없나니 무엇 때문이느냐.

사리자여 일체법이 이와 같이 있음 아니건만 저 모든 우부愚夫인 이생異生이 집착하는 바로 이 가운데에 배우느니라.

사리자가 말하되, 만약 그렇다면 모든 법이 어떻게 있습니까?

부처님께서 말씀하시되 모든 법이 있는 바 없음과 같나니 이와 같이 있느니라. 만약 이와 같이 있는 바 없는 법에 능히 요달하지 못한다면 이름이 무명이라고 설하느니라.

(卷第四百一十 示相品)

佛告善現 如是如是 如汝所說
불고선현 여시여시 여여소설
一切法非有相非無相 若菩薩摩訶薩 知一切法若
有相無相
일체법비유상비무상 약보살마하살 지일체법약
유상무상
咸同一相 所謂無相 修此無相 是修般若波羅蜜多
함동일상 소위무상 수차무상 시수반야바라밀다

부처님께서 선현에게 고하시되 이와 같고 이와 같나니

네가 설한 바와 같이 일체법이 상 있음도 아니고 상 없음도 아니니라. 만약 보살마하살이 일체법이 상 있거나 상 없거나 다 한가지로 일상一相인 이른바 무상임을 알아서 이 무상임을 닦음이

이 반야바라밀다를 닦음이니라.

(卷第四百六十五 遍學品)

復次善現 若菩薩摩訶薩 於一切法 不能通達皆如
幻化都非實有

부차선현 약보살마하살 어일체법 불능통달개여
환화도비실유

不應經於三無數劫 爲諸有情修菩薩行 嚴淨佛土
成熟有情

불응경어삼무수겁 위제유정수보살행 엄정불토
성숙유정

以菩薩摩訶薩 於一切法 如實通達皆如幻化
都非實有

이보살마하살 어일체법 여실통달개여환화
도비실유

是故經於三無數劫 爲諸有情 修行六種波羅密多

시고경어삼무수겁 위제유정 수행육종바라밀다

廣說乃至成熟有情嚴淨佛土 證得無上正等菩提

광설내지성숙유정엄정불토 증득무상정등보리

다시 다음에 선현이여,

만약 보살마하살이 일체법에 능히 다 환화幻化와 같아서 도무지 실유實有가 아님을 통달하지 못하면 응당 삼무수겁三無數劫[136]을 지나면서 모든 유정을 위해 보살행을 닦고 불토를 엄정하고 유정을 성숙하지 못하거니와,

보살마하살이 일체법에 다 환화와 같아서 도무지 실유가 아님을 여실히 통달했기 때문에 이런 고로 삼무수겁을 지나면서 모든 유정을 위해 여섯 가지 바라밀다를 닦고 광설廣說 내지 유정을 성숙하고 불토를 엄정嚴淨하여 위 없고 바르고 평등한 보리를 증득하느니라.

(卷第四百七十一 衆德相品)

---

136) 삼아승기겁三阿僧祇劫과 같음.

善現當知 諸菩薩摩訶薩下爲無上正等菩提道 故
求趣無上正等菩提
선현당지 제보살마하살하위무상정등보리도 고
구취무상정등보리
但爲諸法本性空故 求趣無上正等菩提
단위제법본성공고 구취무상정등보리

선현이여, 마땅히 알라.

모든 보살마하살이 위 없고 바르고 평등한 보리도 때문
에 연고로 위 없고 바르고 평등한 보리를 구취求趣 함이 아
니라. 다만 모든 법의 본성이 공했기 때문에 연고로 위 없
고 바르고 평등한 보리를 구취하느니라.

(卷第四百七十四 實際品)

介時具壽善現白佛言 世尊諸見實者 旣無雜染
及無清淨
이시구수선현백불언 세존제견실자 기무잡염
급무청정

不見實者 亦無雜染及無淸淨 所以者何 以一切法
無所有故
불견실자 역무잡염급무청정 소이자하 이일체법
무소유고

이때 구수선현이 부처님께 사뢰어 말하되, 세존이시여,
모든 실다움을 본 자는 이미 잡염이 없고 및 청정도 없거니
와 실다움을 보지 못한 자도 또한 잡염이 없고 및 청정도
없나니 소이란 어떠하냐 하오면 일체법이 있는 바 없기 때
문입니다.

(卷第四百七十八 無事品)

佛以五眼求色不可得 求受想行識不可得 乃至求
佛無上菩提亦不可得
불이오안구색불가득 구수상행식불가득 내지구
불무상보리역불가득
彼諸愚夫無聞異生 盲無慧目 執着諸法 若當證得
無上菩提 脫諸有情
피제우부무문이생 맹무혜목 집착제법 약당증득
무상보리 탈제유정

生死大苦 令得究竟安樂涅槃 必無是處

생사대고 영득구경안락열반 필무시처

　　부처가 오안五眼으로써 색을 구하여도 가히 얻지 못하며 수상행식을 구하여도 가히 얻지 못하며 내지 부처의 위 없는 보리를 구함에도 또한 가히 얻지 못하거늘 저 모든 어리석은 범부와 견문 없는 이생異生[137]은 눈멀어 지혜의 눈이 없고 모든 법에 집착하나니 만약 마땅히 위 없는 보리를 증득하여 모든 유정의 생사대고生死大苦를 벗어나게 하여 하여금 구경의 안락 열반을 얻게 한다고 하면 반드시 옳은 곳이 없느니라.

　　(卷第五百二十五 方便善巧品)

善現復問 爲以不二法得不二法耶 佛言 不尒
善現復問
선현부문 위이불이법득불이법야 불언 불이
선현부문

---

137)　범부를 말함. 범부는 선업 혹은 악업을 짓고, 혹은 인人 천天의 선취善趣에서 태어나거나, 또는 지옥. 아귀. 축생의 악처에서 태어나는 등, 그 태어난 장소가 각각 다르기 때문에 이생異生이라고 한다. 범부는 성자와는 다른 생류生類.

爲以二法得不二法耶 佛言 不尒 善現白言 若無二法

위이이법득불이법야 불언 불이 선현백언 약무이법

不以二法不二法得 諸菩薩摩訶薩如何當得一切智智

불이이법불이법득 제보살마하살여하당득일체지지

佛告善現 二不二法俱不可得 是故所得一切智智

不以二法不二法得

불고선현 이불이법구불가득 시고소득일체지지

불이이법불이법득

然無所得法 能得無所得 所以者何 甚深般若波羅

蜜多及一切智智

연무소득법 능득무소득 소이자하 심심반야바라

밀다급일체지지

俱不可得故 無得而得 乃名眞得

구불가득고 무득이득 내명진득

선현이 물어 불이법不二法으로써 불이법을 얻음이 됩니까?

부처님께서 말씀하시되 그렇지 않느니라. 선현이 다시
묻되 이법二法으로써 불이법을 얻음이 됩니까?

부처님께서 말씀하시되 그렇지 않느니라. 선현이 사뢰
어 말하되, 만약 이법二法이 없거나 이법과 불이법으로써 얻
지 못한다면 모든 보살마하살이 어떻게 하여야 마땅히 일

체지지一切智智를 얻겠습니까? 부처님께서 선현에게 고하시되 이二와 불이不二법을 다 가히 얻지 못할새 이런 고로 얻는 바 일체지지는 이법과 불이법으로써 얻지 못하느니라.

그러하여 무소득법無所得法[138]이라야 능히 무소득을 얻나니 소이란 것이 어떠함이냐 심히 깊은 반야바라밀다와 일체지지를 다 가히 얻지 못하는 연고니 얻음 없음을 얻어야 곧 이름이 참 얻음이니라.

(卷第五百二十六 方便善巧品)

善現當知 一切相智 無性爲所緣
선현당지 일체상지 무성위소연

正念爲增上 寂靜爲行相 無相爲相
정념위증상 적정위행상 무상위상

선현이여, 마땅히 알라. 일체상지一切相智[139]는 성품 없음으로 소연所緣을 삼고 정념正念으로 증상增上을 삼고 적정寂靜

---

138) 아무것에도 얽매이지 않는 자유의 경지. 마음속에서 집착, 분별하지 않는 것. 사물에 구애되는 일이 없는 것. 선禪에서는 아무것도 구하지 않는 것. 효과를 바라지 않는 것.
139) 세상의 사상事相을 대상으로 하는 일체의 세속지世俗智.

으로 행상行相을 삼고 모양 없음으로 모양을 삼느니라.

(卷第五百二十六 方便善巧品)

佛告善現 非但一切相智無性爲性 色受想行識亦
無性爲性
불고선현 비단일체상지무성위성 색수상행식역
무성위성
乃至有爲界及無爲界亦無性爲性
내지유위계급무위계역무성위성

부처님께서 선현에게 고하시되 다만 일체상지만 성품
없음으로 성품을 삼음만이 아니라 색수상행식도 또한 성품
없음으로 성품을 삼으며, 내지 유위계 및 무위계도 또한 성
품 없음으로 성품을 삼느니라.

(卷第五百二十六 方便善巧品)

世尊色無二即非色 受想行識無二即非受想行識
세존색무이즉비색 수상행식무이즉비수상행식
世尊色入無二法數 受想行識入無二法數
세존색입무이법수 수상행식입무이법수
若說色即說無二法 若說受想行識即說無二法
약설색즉설무이법 약설수상행식즉설무이법

세존이시여, 색이 무이無二라서 색이 아니며 수상행식
이 무이라서 수상행식이 아닙니다. 세존이시여, 색이 무이
법수에 들어가고 수상행식이 무이법수에 들어가는지라 만
약 색을 설한다면 곧 무이법을 설함이요, 만약 수상행식을
설한다면 곧 무이법을 설함입니다.

(卷第五百三十八 妙行品)

因緣合故 無生似生
인연합고 무생사생

인연이 합한 연고로 무생이 생 같아지느니라.

(卷第五百六十七 顯相品)

天王當知 邪見外道 爲求解脫 但欲斷死

천왕당지 사견외도 위구해탈 단욕단사

不知斷生 若法不生 卽無有滅 譬如有人塊擲師子

부지단생 약법불생 즉무유멸 비여유인괴척사자

師子逐人而塊自息 菩薩亦尒但斷其生而死自滅

사자축인이괴자식 보살역이단단기생이사자멸

犬唯逐塊 不知逐人 塊終不息 外道亦尒

견유축괴 부지축인 괴종불식 외도역이

不知斷生 終不離死

부지단생 종불이사

　　천왕이여, 마땅히 알라. 사견외도가 해탈을 구하매 다만 사死를 끊고자 하면서 생生을 끊을 줄 알지 못하나니 만약 법이 생하지 않는다면 곧 멸함도 있음이 없느니라.

　　비유컨대 어떤 사람이 흙덩이를 사자에게 던지면 사자는 사람을 쫓으므로 흙덩이는 저절로 쉬어짐과 같나니 보살도 또한 그러하여 다만 그 생을 끊으면 사는 저절로 멸하느니라.

　　개는 오직 흙덩이를 쫓고 사람 쫓을 줄 알지 못하므로 흙덩이는 마침내 쉬어지지 못하나니 외도도 또한 그러하여 생을 끊을 줄 알지 못하므로 마침내 죽음을 면치 못하느니라.

（卷第五百六十九 法性品）

若縱諸根 名爲放逸 若能攝護 名不放逸
약종제근 명위방일 약능섭호 명불방일

만약 제근諸根(六根)을 놓아버리면 이름이 방일이 됨이요,
만약 능히 거두어 보호한다면 이름이 불방일이니라.

(卷第五百七十一 無所得品)

佛告曼殊室利童子 汝已親近供養幾佛
불고만수실리동자 여이친근공양기불
曼殊室利白言 世尊我已親近供養佛數
만수실리백언 세존아이친근공양불수
量同幻士心心所法 以一切法皆如幻故
양동환사심심소법 이일체법개여환고

부처님께서 만수실리 동자에게 고하시되, 너는 이미 몇
부처님이나 친근하고 공양하였느냐.
만수실리가 사뢰어 말하되, 세존이시여, 제가 이미 친
근하고 공양한 부처님의 수량이 환사幻士[140]의 심心과 심소心

---

140) 환술幻術을 행하는 사람. 속세에서 말하는 마법사 같은 것.

所의 법과 한가지이니 일체법이 다 환과 같기 때문입니다.

(卷第五百七十四 曼殊室利分)

曼殊室利汝豈不得無着性耶 世尊我今卽無着性

만수실리여기부득무착성야 세존아금즉무착성

豈無着性不得無着

기무착성부득무착

만수실리여, 네가 어찌 무착성을 얻지 않았느냐.

세존이시여, 제가 바로 곧 무착성이거늘 어찌 무착성이
다시 무착을 얻겠습니까.

(卷第五百七十四 曼殊室利分)

曼殊室利復白佛言 無上菩提卽五無間 彼五無間

卽此菩提 所以者何

만수실리부백불언 무상보리즉오무간 피오무간

즉차보리 소이자하

菩提無間 俱假施設 非眞實有 菩提之性 非可證得

非可修習 非可現

보리무간 구가시설 비진실유 보리지성 비가증득

비가수습 비가현

見 彼五無間 亦復如是

견 피오무간 역부여시

만수실리가 다시 부처님께 사뢰어 말하되, 위 없는 보리가 곧 오무간五無間[141]이며 저 오무간이 곧 이 보리입니다.

소이란 것이 어떠냐 하오면 보리와 무간이 다 거짓 시설이라서 진실로 있음이 아닙니다. 보리의 성품은 가히 증득치 못하며 가히 수습치 못하며 가히 나타내거나 보거나 하지 못하나니 저 오무간도 또한 다시 이와 같습니다.

(卷第五百七十四 曼殊室利分)

---

141) 8대 지옥의 제8아비지옥. 이에 5종류가 있다. 1. 취과무간趣果無間: 이 세상에서 지옥의 고통을 느끼는 죄업과 그 결과를 받는 것 사이에 전혀 거리가 없는 것. 2. 수고무간受苦無間: 괴로움을 경험하는데 간격이 없는 것. 3. 시무간時無間: 시간은 연속하여 중단되는 일이 없는 것. 4. 명무간命無間: 수명은 항상 연속되어 간격이 없는 것. 5. 형무간形無間: 지옥의 넓이는 8만 요자나이고, 신체의 형태도 똑같은 넓이고, 조금도 빈 곳이 없는 것.

佛告曼殊室利童子 汝願如來 於有情類 最爲勝不
世尊若有眞實有情
불고만수실리동자 여원여래 어유정류 최위승불
세존약유진실유정
我願如來於彼最勝 然有情類實不可得
아원여래어피최승 연유정류실불가득

부처님께서 만수실리동자에게 고하시되, 너는 여래가
유정류有情類에서 가장 수승殊勝하기를 바라느냐, 아니냐. 세
존이시여, 만약 진실로 유정이 있다면 제가 여래께서 그들
에서 가장 수승하기를 원하겠습니다만, 그러나 유정류를
실로 가히 얻지 못하나이다.

(卷第五百七十四 曼殊室利分)

是故善現 菩薩摩訶薩 遠離一切想 應發阿耨多羅
三藐三菩提心
시고선현 보살마하살 원이일체상 응발아뇩다라
삼먁삼보리심

不住於色應生其心 不住非色應生其心 不住聲香

味觸法應生其心

부주어색응생기심 부주비색응생기심 부주성향

미촉법응생기심

不住非聲香味觸法應生其心 都無所住應生其心

부주비성향미촉법응생기심 도무소주응생기심

이런 고로 선현이여, 보살마하살이 일체의 생각을 멀리

여의어야 아뇩다라삼먁삼보리심을 발하나니 색으로 머물

지 않고 응당 그 마음을 내며 색 아님으로 머물지 않고 응

당 그 마음을 내며 소리 향기 맛 감촉 법으로 머물지 않고

그 마음을 내며 소리 향기 맛 감촉 법 아님으로 머물지 않

고 그 마음을 내어야 하리니 도무지 머문 바 없는 그 마음

을 낼지니라.

(卷第五百七十七 能斷金剛分)

佛言 菩薩如布施時 於一切法都無所捨 當證無上

正等覺時

불언 보살여보시시 어일체법도무소사 당증무상

정등각시

於一切法亦無所得

어일체법역무소득

　　부처님께서 말씀하시되 보살이 보시할 때 일체법에 도무지 버리는 바 없음과 같이 응당 위 없는 바르고 평등한 깨달음을 증득할 때도 일체법에 또한 얻는 바 없느니라.

（卷第五百八十一 布施波羅密多分）

復次善勇猛 言通達者 謂能遍知所有緣起 由諸緣
故諸法得起

부차선용맹 언통달자 위능변지소유연기 유제연
고제법득기

故名緣起 如是緣起 都無所有 如是名爲通達緣起

고명연기 여시연기 도무소유 여시명위통달연기

　　다시 다음에 선용맹이여, 말한 통달이란 것은 이르자면 있는바 연기緣起를 두루 앎이니 모든 연緣을 말미암은 고로 모든 법이 일어남을 얻을새 고로 이름이 연기이거니와 이와 같은 연기가 도무지 있는 바 없을새 이와 같음을 이름하여 연기를 통달했다 하느니라.

(卷第五百九十三 般若波羅蜜多分)

下劣信解諸有情類 還樂下劣信解有情
하열신해제유정류 환락하열신해유정
廣大信解諸有情類 還樂廣大信解有情
광대신해제유정류 환락광대신해유정

하열下劣하게 믿고 아는 모든 유정류는 도리어 하열하
게 믿고 아는 유정을 좋아하며 광대하게 믿고 아는 모든 유
정류는 도리어 광대하게 믿고 아는 유정을 좋아한다.

(卷第五百九十七 般若波羅蜜多分)

『대반야바라밀다경大般若波羅蜜多經』의 구성과 사상

『대반야바라밀다경大般若波羅蜜多經』을 줄여서 『대반야』
또 『대품반야경』이라 한다. 반야바라밀다는 지혜로써 피안
彼岸에 이른다는 뜻이다. 이 경에서는 모든 법이 모두가 공空

하여 얻을 수 없는 실상을 바르게 관찰하기를 강조하였다. 그러므로 2승의 미혹함을 깨뜨리고, 대승의 지위에 안정할 수 있다는 것으로 반야바라밀다는 삼세의 부처님의 어머니요, 모든 공덕의 근원이라 하였다. 반야바라밀다는 육바라밀의 하나로 반야바라밀다는 온갖 불법을 총괄하는 대승불교의 근본 경전으로 추앙되고 있다.

이 경은 600권(390품)에 460여만 자로 이루어진 불교 최대의 경전이다. 소위 대승의 5대 경전(화엄華嚴, 방등方等, 반야般若, 법화法華, 열반涅槃)의 하나이다.

이 경의 번역은 당나라 고종(660~663)에 현장이 번역하였다. 이보다 앞서 구마라습 등이 부분적으로 번역한 것이 많았으므로 현장도 그 예에 따라서 번역하였다.

이 경의 구성은 4처 16회라 한다. 즉 장소는 네 곳으로 옮겼고, 모이기는 열여섯 번 하였다. 네 곳은 영취산靈鷲山, 기원정사祇園精舍, 죽림정사竹林精舍, 타화자재천他化自在天이다.

16회라 함은 1회에서 16회를 말한다.

이 대반야경大般若經 안에 사상과 내용으로 보면 다른 반야부 경전과 같이 공사상(반야공般若空)을 천명하고 있으며 육바라밀 중 특히 반야바라밀을 강조하고 있다. 반야는 지혜

智慧지혜이며 불모佛母이며 육바밀의 원천이어서 일체의 불법이 반야로부터 유출되었기 때문에 반야바라밀을 성취함으로써 육바라밀을 성취할 수 있다는 것이다.

이 경은 방대한 경전이어서 같은 반야계 경전인 『대품반야경』이나 『소품반야경』 또는 『금강반야경』과 이 경을 요약한 『반야심경』 등에 비해서 많이 연구되지 않았다.

그러나 「대자은사삼장법사전大慈恩寺三藏法師傳」 제10회에서 말했듯이 이 경은 "진국鎭國의 전典, 인천人天의 대보大寶로 여겨 천재, 병란, 질병, 기근 등 어려운 일이 있을 때는 이 경을 고승들에게 독송하거나 강설케 하고, 서사유포書寫流布 시키고 받들어 공양함으로써 어려움을 없앨 수 있다고 믿어 송지전역誦持轉譯하고 경에 설한 대로 행함으로써 일체의 고액苦厄을 면할 수 있다는 것이다.

고액을 면한다는 것은 개인적으로 제액초복除厄招福이요, 국가적으로는 진호국가鎭護國家 인 것이다. 이 경은 신앙적으로 존중되어왔다. 고려 고종 때, 몽고군이 침입하여 국가가 위험에 처하게 되었을 때, 몽고군의 격퇴을 불전에 기원하여 온 국민이 혼연일치로 조조雕造 한 『고려대장경高麗大藏經』의 경우 그 첫머리에 이 『대반야경大般若經』을 배열한 것은 바로 이러한 데에 그 연유가 있다.

◆ 대승불교는 용수龍樹의 공空 사상으로부터 미륵彌勒, 무착
無着, 세친世親의 유식불교 등 다양한 종파로 분류되고 있지
만, 그 속에는 무상보리無上菩提의 사상과 방식이 존재하고
있다. 무상보리는 더 이상 위 없는 깨달음을 의미하고 이
깨달음이란 공空으로부터 시작되는 모든 현상을 반야로써
깨달음을 얻어 무명無明의 세계로부터 명明의 세계에 이르는
것을 말하고 있다.

원각경

『대방광원각수다라요의경 大方廣圓覺修多羅了儀經』

謙如水而能下 故百川歸之成大海

겸여수이능하 고백천귀지성대해

겸양은 물이 능히 낮춤과 같나니 고로 백천百川이 돌아
가 대해를 이루느니라. (序)

衆生卽佛人早知 知而寡信 信而鮮解 解亦
難臻此境

중생즉불인한지 지이과신 신이선해 해역
난진차경

중생이 곧 부처이건만 사람이 아는 이 적고
알더라도 믿음이 적고 믿더라도 이해함이 적고
이해하더라도 이 경지에 이르기 어려우니라. (序)

頓悟 日出孩生 漸修 霜消孩長
돈오 일출해생 점수 상소해장

돈오는 해가 돋음과 아이가 태어남.
점수는 서리 녹음과 아이가 성장함.

爲解悟 漸修頓悟 伐木入都 頓修漸悟 磨鏡學射
위해오 점수돈오 벌목입도 돈수점오 마경학사
漸修漸悟 如登九層坮 足履漸高 所鑑漸遠
점수점오 여등구층대 족이점고 소감점원

해오가 됨이요, 점수돈오와 나무를 벰과 도시에 들어감.
돈수점오와 거울 닦음과 활쏘기를 배움.
점수 점오는 구층대에 오르매
족리足履가 높아지면 보는 바도 점점 멀어짐과 같음. (序)

並爲證悟 若頓悟頓修

병위증오 약돈오돈수

斬染綟緣 則通三義 謂先悟 廓然頓了

참염려연 즉통삼의 위선오 곽연돈요

다 증오證悟가 되거니와 이에 돈오돈수는

실타래를 끊음과 물들임, 곧 세 뜻에 통하나니 이르자

면 먼저 깨닫고 확연히 단박에 깨달음.

後修 不着不證 曠然合道 爲解悟 先修 服藥

후수 불착부증 광연합도 위해오 선수 복약

後悟 病除 爲證悟 修無心忘照 悟 任運寂知

후오 병제 위증오 수무심망조 오 임운적지

一時 卽通解證 若云本具一切佛德爲悟 如飮大海

일시 즉통해증 약운본구일체불덕위오 여음대해

一念萬行爲修 得百川味 亦通解證 此圓覺經

備前諸說

일념만행위수 득백천미 역통해증 차원각경

비전제설

뒤에 닦음은 집착하지 않고 증하지 않아서 광연曠然[142]히 도에 계합함. 해오가 됨이요, 먼저 닦고 약을 먹음.

뒤에 깨달음은 병이 물러감. 증오가 됨이며 닦음과 무심하여 비춤을 잊음. 깨침이 움직이는 대로 맡겨 고요히 알아짐. 일시임은 곧 해증에 통하느니라. 만약 이르되 본디 일체의 불덕佛德[143]을 갖춤으로서 깨달음을 삼고 대해를 마심과 같음.

일념만행으로 닦음을 삼는다면 백천의 맛을 얻음. 역시 해증에 통하나니 이 원각경은 앞의 모든 설을 갖추었느니라. (序)

圓者 滿足周備 此外更無一法 覺者 虛明靈照 無諸
分別念想
원자 만족주비 차외갱무일법 각자 허명령조 무제
분별념상

원圓이란 것은 만족하게 두루 갖춰 이 밖에는 다시 한법도 없음이요, 각覺이란 것은 허명령조하여 모든 분별념상

---

142) 넓은 모양. 널찍한 것. 아득하고 끝없이 넓다.
143) 부처님이 갖추고 있는 공덕.

이 없음이니라.

(釋經題目中釋圓覺)

阿含經說六種力 謂小兒以啼爲力 女人以瞋爲力
아함경설육종력 위소아이체위력 여인이진위력
沙門婆羅門以忍辱爲力 阿羅漢以精進爲力 諸佛
以大悲爲力
사문바라문이인욕위력 아라한이정진위력 제불
이대비위력

『아함경』에 여섯 가지 힘을 설하니 이르자면 소아는 우
는 것으로써 힘을 삼고, 여인은 성냄으로써 힘을 삼고, 사문
과 바라문은 인욕으로써 힘을 삼고, 국왕은 교오(교만憍慢)로
써 힘을 삼고, 아라한은 정진으로써 힘을 삼고, 모든 부처님
은 대비로써 힘을 삼으시니라.

(文殊章)

不發一切心 名眞發淸淨心也
불발일체심 명진발청정심야

일체의 마음을 발하지 않음이 이름이 참으로 청정심을
발함이니라.

(文殊章)

知幻卽離 不作方便 離幻卽覺 亦無漸次
지환즉이 부작방편 이환즉각 역무점차

환임을 알면 곧이라서 방편을 짓지 않으며 환을 여의면
곧 각이라서 또한 점차가 없느니라.

(普賢章)

居一切時 不起妄念 於諸妄心 亦不息滅
거일체시 불기망념 어제망심 역불식멸
若求眞捨妄 猶棄影勞形 若滅妄存眞 似楊聲止響
약구진사망 유엽영노형 약멸망존진 사양성지향

住妄想境 不可了知

주망상경 불가요지

境從心現 元是自心 若加了知 卽迷現量 故經說

非幻成幻

경종심현 원시자심 약가요지 즉미현량 고경설

비환성환

於無了知 不解眞實

어무요지 불해진실

일체에 거居할 때 망념을 일으키지 않으며 모든 망심을
또한 식멸息滅 하지 않으며 만약 진을 구하고자 하여 망을
버린다면 그림자를 버리고자 하여 형체를 노고롭게 함과
같으며 만약 망을 멸하고 진을 두고자 한다면 소리 질러 메
아리를 그치게 함과 같다.

　　망상경妄想境에 머물되 가히 요지了知 하지 않으며 경계
가 마음으로 좇아 나타나므로 원래 이 자기 마음이거늘 만
약 요지를 더한다면 곧 현량現量을 미함일새 고로 경에 설하
되 비환非幻이 환幻을 이룬다 하니라. 요지了知 없음에서 진실
을 알지 않느니라.

　　(淸淨慧章)

先德云 黃昏戌寂寞 身心摠無物 恒沙諸佛入我身

我身常入恒沙佛

선덕운 황혼술적막 신심총무물 항사제불입아신

아신상입항사불

선덕이 이르되 황혼의 술시는 적막하여 몸과 마음이 모
두 한 물건도 없도다. 항하사 모든 부처님이 내 몸에 들어
오고 나의 몸이 늘 항하사 부처님에 들어가는구나.

(威德自在章)

善男子其心乃至證於如來畢竟了知淸淨涅槃

皆是我相

선남자기심내지증어여래필경요지청정열반

개시아상

선남자여 그 마음이 내지 여래의 필경요지인 청정열반
을 증득하더라도 다 이 아상我相이니라.

(淨諸業障章)

論云壞見之人 雖不壞行 不堪與衆生爲其道眼

논운괴견지인 수불괴행 불감여중생위기도안

雖壞行而不破見者 是則人天眞勝福田

수괴행이불파견자 시즉인천진승복전

논에 이르되 지견이 무너진 사람은 비록 행行이 무너지지 않았더라도 중생에게 그 도안道眼이 되어 중생을 감당하지 못하거니와 비록 행은 무너졌더라도 지견이 깨어지지 않은 자는 이는 곧 인천人天의 참 수승한 복전이다.

(普覺章)

荷澤大師敎人云 妄起卽覺 妄滅覺滅

하택대사교인운 망기즉각 망멸각멸

하택 대사가 사람을 가르쳐 이르되 망妄이 일어남이 곧 각覺이요,

망이 멸함이 각이 멸함이니라.

(普覺章)

決定毗尼經云 持聲聞戒 是破菩薩戒 持菩薩戒 是
破聲聞戒

결정비니경운 지성문계 시파보살계 지보살계 시
파성문계

결정비니경에 이르되 성문계를 가지면 이는 보살계를
깨뜨림이요,

보살계를 가지면 이는 성문계를 깨뜨림이다.

(圓覺章)

漸敎則乘頓敎 頓門必具漸門

점교즉승돈교 돈문필구점문

점교漸敎는 곧 돈교頓敎에 어그러지지만,

돈문頓門은 반드시 점문漸門을 구비하였느니라.

(賢善首章)

『원각경圓覺經』의 성립

　이 경의 명칭은 『대방광원각수다라요의경大方廣圓覺修多羅了儀經』으로 줄여서 『대방광원각경大方廣圓覺經』, 『원각수다라요의경圓覺修多羅了義經』, 『원각요의경圓覺了義經』, 『원각경圓覺經』이라 약칭한다. 이 경은 석가세존이 문수보살文殊菩薩, 보현보살普賢菩薩, 보안보살普眼菩薩, 금강장金剛藏, 미륵彌勒, 청정혜淸淨慧, 위덕자재威德自在, 변음辯音, 정제업장淨諸業障, 보각普覺, 원각圓覺, 현선수賢善首 등 12보살들과의 문답을 통하여 대원각의 묘리와 그 관행을 설한 경전이다.

　이경을 주석한 당나라 종밀은 선종의 6조 혜능의 법제자인 하택신회를 조승祖承하는 하택종의 법맥을 이어받은 인물로, 그는 이 경의 소초疏鈔를 통하여 하택종의 선양에 힘을 썼었다. 그는 대승불교의 이취異趣는 화엄교학으로써 최상의 것으로 하고 선禪의 실수實修의 극치는 화밀華密의 깊은 이치와 일치하는 것이라고 하는 이른바 교선일치론敎禪一致論을 창도하였는데, 그의 이 경에 관한 연구는 바로 이러한 입장을 취하였던 것이다.

　우리나라에서도 한결같이 교선일치론敎禪一致論의 입장

에서 있었기 때문에 이러한 사상이 짙은 이 경은 매우 존중되는 경의 하나가 되었던 것이다. 이 경의 구성에 있어서 1권 12장으로 구성되어 있다.

12장은 12보살과의 문답을 각각 1장으로 하였기 때문에 12장이 된 것이다. 각 장에서는 이러한 각 보살의 질문에 대하여 깊이 있고 명쾌한 석존의 설법이 풍부하고 아름다운 문체로 서술되어 있다.

『원각경圓覺經』의 대의와 사상

이 경은 문수보살을 비롯한 12보살이 석존과의 문답을 통해 단무명현불성斷無明顯佛性의 본래성불인 원각수행의 계점을 보인다.

서분에 보면 한때 석존께서 신통대광명장神通大光明藏에 드셔서 모든 정토를 나투시어 대보살마하살大菩薩摩訶薩 십만인과 함께하셨다. 그 가운데 문수사리보살文殊師利菩薩을 위시한 열두 보살이 으뜸이 되어 여러 대중과 함께 여래의 평등한 법회에 함께하였다.

1. 문수보살장文殊菩薩章에서는 부처님께 문수보살이 인

지법행因地法行을 설해 주시길 간청하였다.

부처님께서 말씀하셨다. 위 없는 법왕에게 대다라니문이 있으니 이름이 원각이다. 이 원각이 일체의 청정한 진여, 보리, 열반과 바라밀을 보이시니, 모든 부처님께서 인지因地에서 청정각상清淨覺相을 원만히 비춤에 의하여 영원히 무명을 끊고 불도를 이루셨다. 무엇이 무명인가?

망령되어 집착하는 것이다. 망집으로 인하여 생사에 윤회하게 되는 것이 무명이다. 일체중생이 생겨남이 없는 가운데 허망하게 생멸을 봄으로 생사에 헤맨다고 한다.

법계의 성품은 구경에 원만하여 시방에 두루하니 이를 인지법행 因地法行이라 한다.

2. 보현보살장普賢菩薩章에서는 보현보살이 부처님께 이 원각의 청정한 경계를 듣고 어떻게 수행하여야 하는지 여쭌다. 부처님께서 온갖 환을 여읠 수 있는 방편에 대하여 말씀하신다. 중생의 갖가지 환화가 모두 여래의 원각묘심에서 나왔으니 마치 허공꽃이 생긴 것 같다. 중생의 환의 마음이 환에 의해 사라지니 본각의 마음은 요동하지 않는다. 그러므로 환의 멸함을 부동이라 한다.

3. 보안보살장普眼菩薩章에서는 보안보살이 부처님께 어

떻게 사유 주지하며 무슨 방편을 지어야 깨달음을 얻을 수 있는지 수행 방편을 여쭈었다. 부처님께서는 여래의 청정한 원각의 마음을 구하고자 한다면 바른 생각으로 환을 모두 멀리 여의어야 한다. 그리고 사마타행奢摩他行에 의하여 금계를 굳게 지녀야 한다. 원각이 널리 비치어 적멸이 둘이 없으며 중생이 본래 성불이며 생사와 열반이 지난밤 꿈과 같다. 증득함도 없고 증득하는 이도 없어서 일체 법의 성품이 평등하다. 이와 같이 수행하고 사유하며 주지하고 방편을 쓰며 깨달아야 한다.

4. 금강장보살장金剛藏菩薩章에서는 금강장보살이 여쭈었다. 만약 중생이 본래 성불이라면 어찌하여 온갖 무명이 있습니까? 무슨 인연으로 여래께서는 본래 성불이라고 하십니까? 일체 부처님께서는 언제 다시 번뇌를 냅니까? 그때 세존께서 말씀하셨다. 모든 부처님의 묘한 원각의 마음은 본래 보리와 열반 성불과 성불하지 못함이 없으며 윤회와 윤회가 아닌 것도 없다. 지음이 있는 사유는 유위의 마음에서 일어나는 것이니 모두 육진의 망상 인연 기운이요, 실제 마음의 체는 아니다. 이와 같은 분별은 바른 질문이 아니다.

부처님께서는 미혹의 본질을 밝혀 주신다.

5. 미륵보살장彌勒菩薩章에서는 미륵보살이 어떻게 윤회의 근본을 끊어야 하는지 여쭌다. 부처님께서 중생이 생사를 벗어나고 윤회를 벗어나고자 한다면, 탐욕을 끊고 갈애를 없애고 온갖 애욕을 버리고 증애憎愛를 없애서 영원히 윤회를 끊고 여래의 원각 경계를 힘써 구하면 모두 깨달음을 얻을 것이다.

6. 청정혜보살장淸淨慧菩薩章에서는 청정혜보살이 법왕의 원만한 각성을 말씀해 주시길 청하였다. 말세 중생들이 이 성스러운 가르침을 듣고 어떻게 수순 개오하여 점차 들어갈 수 있습니까? 세존께서는 깨닫고, 깨닫지 못함의 차별이 있으니 중생은 견해가 장애가 되고, 보살은 깨달음을 여의지 못하며, 지地에 들어간 이는 영원히 적멸하여 일체 상에 머물지 않으며, 대각은 다 원만하여 순수함이 된다.

7. 위덕자재보살장威德自在菩薩章에서는 일체의 방편점차와 아울러 수행하는 사람이 모두 몇 종류가 있는지 말씀해 주시길 청하였다. 이에 세존께서는 사마타奢摩他와 삼마발제三摩拔提와 선나禪那의 삼종 관행법을 말씀하셨다. 보살들이 청정한 원각의 마음으로 고요함을 취하여 수행을 삼는 사마타奢摩他이다. 적정寂靜을 말미암아 시방세계의 모든 여래

의 마음이 그 가운데 나타남이 거울 속의 영상과 같은 이런 방편의 수행이다.

보살들이 청정한 원각의 마음으로 심성心性과 근진根塵이 다 환화幻化로 인한 것임을 자각하고, 온갖 환을 일으켜서 환인 것을 제거 하면 환을 일으키는 까닭에 안으로 대비의 경안을 일으킨다. 이런 방편의 수행은 삼마발제三摩拔提 이다.

보살들이 청정한 원각의 마음으로 환화와 고요한 모습에 취착하지 않으면 수용하는 세계와 몸과 마음이 서로 티끌 세상에 있으나, 번뇌와 열반이 서로 걸리지 않고 안으로 적멸의 경안을 일으킨다. 묘각이 수순하는 적멸의 경계는 나와 남의 몸과 마음으로 미치지 못하는 바이다. 이런 방편은 선나禪那이다.

8. 변음보살장變音菩薩章에서는 이 모든 방편을 몇 가지를 닦아야 하는지 질문한 변음보살에게, 사마타와 삼마발제와 선나의 세 가지 법을 돈, 점과 단, 복수로 닦아 익히는 이십오종二十五種의 관법을 말씀하셨다.

9. 정제업장보살장淨諸業障菩薩章에서는 원각의 마음이 본성이 청정하다면 무엇 때문에 더럽혀져서 중생들이 미혹

하여 들어가지 못하는지 여쭈었다. 이는 일체중생이 예부터 망상으로 아상, 인상, 중생상, 수명상이 있다고 집착하여 미움과 사랑의 두 경계를 내어 허망한 업의 길을 내는 것이다. 그러므로 사상四相을 제거하여 보리도를 이루도록 말씀하셨다.

10. 보각보살장普覺菩薩章에서는 말세의 중생들이 어떤 사람을 구하며, 어떤 법에 의지하며, 어떤 행을 행하며, 어떤 병을 제거하며, 어떻게 발심하여야 사견에 떨어지지 않게 되는지 여쭌다. 마땅히 바른 지견의 사람을 구하여야 한다. 마음이 상相에 머무르지 아니하고 항상 청정하며, 범행梵行을 찬탄하며, 중생들의 율의律儀아닌 데 들어가지 않게 하여야 한다고 세존께서 말씀하셨다.

11. 원각보살장圓覺菩薩章에서는 부처님께서 입멸 후 말세 중생들이 깨달음을 얻지 못한 이는 어떻게 ·이 원각의 청정한 경계를 닦아야 하며, 이 원각 중 세 가지 청정한 관觀에서는 어떤 것을 으뜸으로 삼아야 하는지 여쭌다. 기한을 정하여 도량을 건립하고 업장을 참회하며 사유하도록 하니, 모든 업장이 녹아 멸하면 부처 경계가 현전하리라고 말씀하셨다.

12. 현선수보살장賢善首菩薩章에서는 이경은 십이부경 十二部經의 청정한 안목으로서 의지하여 수행하면 점차 증진하여 부처의 경지에 이르리라고 경의 유통 공덕을 말씀 하셨다.

◆ 한국불교 기본 교재의 하나인 이『원각경圓覺經』은 대승 불교의 궁극의 경전으로 원각에 이르는 길을 부처님께서 설파하고 있다.

유교경

『불수반열반약설교계경佛垂般涅槃略說教誡經』

『유교경遺教經』은 부처님의 마지막 가르침을 설하셨다.

(요진姚秦 구자국龜茲國의 삼장三藏 구마라습鳩摩羅什이 한역함)

釋迦牟尼佛 初轉法輪 度阿若憍陳如 最後說法 度
須跋陀羅

석가모니불 초전법륜 도아약교진여 최후설법 도
수발타라

所應度者 皆已度訖 於娑羅雙樹間 將入涅槃 是時
中夜寂然無聲

소응도자 개이도흘 어사라쌍수한 장입열반 시시
중야적연무성

爲諸弟子 略說法要

위제제자 약설법요

석가모니 부처님이 법륜을 처음 굴려 아약교진여를 제
도하시고, 마지막 설법으로 수발타라를 제도하셨다. 제도
하여야 할 사람을 모두 제도하신 후 사라쌍수 사이에서 열
반에 드시려 할 때 한밤중에 소리 없이 고요함 속에서 모든

416

제자들을 위하여 요긴한 설법을 설하셨다.

汝等比丘 於我滅後 當尊重珍敬波羅提木叉
如闇遇明
여등비구 어아멸후 당존중진경파라제목차
여암우명
貧人得寶 當知此則是汝太師 若我住世 無異此也
빈인득보 당지차즉시여태사 약아주세 무이차야

너희 비구들은 내가 열반에 든 후에 마땅히 계율(파라제목차)을 어둠 속에서 불빛을 만난 듯이 보배처럼 또는 가난한 사람이 보배를 얻은 듯이 진중하고 공경해야 한다. 이 계율이 너희들의 위대한 스승인 줄 알라. 내가 이 세상에 더 머문다 해도 이 계율이 스승과 다름이 없다.

持淨戒者 不得販賣貿易 安置田宅 畜養人民
奴婢畜生
지정계자 부득판매무역 안치전택 축양인민
노비축생

一切種殖及諸財寶 皆當遠離 如避火坑 不得
斬伐草木

일체종식급제재보 개당원리 여피화갱 부득
참벌초목

墾土堀地 合和湯藥 占相吉凶 仰觀星宿 推步盈虛
歷數算計

간토굴지 합화탕약 점상길흉 앙관성숙 추보영허
역수산계

皆所不應 節身時食 淸淨自活 不得參像世事
通致使命

개소불응 절신시식 청정자활 부득참상세사
통치사명

呪術仙藥 結好貴人 親厚媟慢 皆不應作 當自端心
정념구도 부득포장가자 현이혹중 어사공양

正念求度 不得包藏瘕疵 顯異惑衆 於四供養
知量知足

정념구도 부득포장가자 현이혹중 어사공양
지량지족

趣得供事 不應稸積

취득공사 불응축적

청정한 계율을 지니는 자는 판매, 무역, 집, 논밭, 인민, 노비, 가축 등을 소유하거나 거느리고 길러서도 안 된다. 모든 재배, 보배, 재화도 불구덩이를 피하듯 멀리하여야 한다. 초목을 베거나 땅을 파서 일구지 말라. 탕약 관상 길흉을 점치거나 별자리 천문을 관찰하거나 일월 운행을 추측하고 역법을 계산하지 말라.

자기 몸을 절제하고, 시간 맞춰 공양하며 스스로 청정한 수행을 하여야 한다. 세속 일에 참여 간섭해서는 안 된다. 통치, 사절 명을 받거나 주술과 선약을 만들거나 부유한 권세들과 친척과 가까이하고 아첨과 비굴하게 하는 것들을 일체 하지 말라. 마땅히 마음을 스스로 단정히 하여 정념으로 깨달음을 구해야 한다. 자기의 허물을 덮어 감추거나 기이한 짓으로 대중을 현혹시키지 말라. 의복, 음식, 거주, 의약의 네 가지 공양에 만족할 줄 알라. 공양받는 인연에 따로 축적해서는 안 된다.

此則略說持戒之相 戒是正順解脫之本故 名波
羅提木叉
차즉약설지계지상 계시정순해탈지본고 명파
라제목차

依因此戒 得生諸禪定 及滅苦智慧
의인차계 득생제선정 급멸고지혜

　이상으로 지켜야 할 계율의 모습을 대강 설한 것이다. 계율은 올바른 순응으로 해탈하는 근본이기에 파라제목차라 이름한다.

　이 계율을 의지하고 말미암아 온갖 괴로움을 소멸하고 지혜와 선정이 생겨날 수 있기 때문이다.

是故 比丘當持淨戒 勿令毀缺 若人能持淨戒 是則
能有善法
시고 비구당지정계 물령훼결 약인능지정계 시즉
능유선법
若無淨戒 諸善功德皆不得生 是以當知 戒爲第一
安隱功德住處
약무정계 제선공덕개부득생 시이당지 계위제일
안은공덕주처

　그러므로 비구들은 마땅히 청정 계율을 어기지 말고, 어김없이 지녀야 한다. 만약 수행자가 청정한 계율을 지닐

수 있다면, 이 사람은 곧 선법을 가질 수 있다. 만약 청정한 계율이 없다면, 어떠한 공덕도 생길 수 없다. 이로써 계율이야말로 제일 평안하고 확실한 공덕의 거주처임을 마땅히 알아야 한다.

是故當知 世皆無常 會必有離 勿懷憂也 世相如是 當勤精進 早求解

시고당지 세개무상 회필유이 물회우야 세상여시 당근정진 조구해

脫 以智慧明 滅諸癡暗 世實危脆 無牢强者 我今得 滅 如除惡病 此

탈 이지혜명 멸제치암 세실위취 무뢰강자 아금득 멸 여제악병 차

是應捨罪惡之物 假名爲身 沒在老病生死大海 何 有智者得除滅之如

시응사죄악지물 가명위신 몰재노병생사대해 하 유지자득제멸지여

殺怨賊而不歡喜

살원적이불환희

그러므로 세상이 모두 덧없고 만나면 반드시 헤어지는 줄 알고 근심 걱정하거나 괴로워하지 말라. 세상의 모습은 이러하니 마땅히 부지런히 정진하여 해탈을 구하고, 지혜 광명으로 어리석음의 암흑을 소멸시키며, 세상은 진실로 위태롭고 취약하여 견고한 게 없다. 내가 지금 열반하는 것은 마치 고질병을 벗어버리는 것과 같다. 이 육신은 마땅히 죄악의 업보로 받은 몸으로 짐짓 몸이라는 가명으로 부르는 것이다. 생로병사의 큰 고해에 침몰하는 이 몸을 마치 원수도적 죽이듯이 없애버릴 수 있게 되었는데, 지혜로운 사람이 어찌 이를 기뻐 반기지 않겠는가.

汝等比丘 常當一心 勤求出道 一切世間 動不動法
여등비구 상당일심 근구출도 일체세간 동부동법
皆是敗壞不安之相 汝等且止 勿得復語 時將欲過
개시패괴불안지상 여등차지 물득부어 시장욕과
我欲滅度 是我最後之所教誨
아욕멸도 시아최후지소교회

너희 비구들은 마땅히 항상 한마음으로 벗어날 길을 부지런히 구하라. 일체 세간이 움직이건 움직이지 않건 일체

법은 모두 부서지고 무너지는 불안정한 모습이다. 이제 너희들은 그만하라. 더 말하지 말라. 때가 지나가려 하니 내가 열반하고자 한다. 이것이 내가 마지막으로 깨우치게 하는 가르침이다.

◆ 석존께서 성도한 지 40여 년 동안 중생 교화를 마치고 구시나성 밖 사라쌍수 사이에서 열반에 들려 하면서 제자들을 위하여 말씀하신 최후의 경계, 불멸佛滅 후 모든 제자들의 나아갈 길을 지시하고 바라제목차를 스승으로 삼고, 마음을 경계하며 3독 5욕의 번뇌를 억제하고, 다구茶求. 수면睡眠, 진에瞋恚, 공고貢高, 도곡韜曲 등의 삿된 일을 버리고, 8대 인각大人覺을 닦아 퇴전하지 말고 항상 고요한 곳을 구하여 정진하라고 말씀하셨다.

『유교경』은 부처님의 마지막 가르침으로 지계持戒를 강조하시고, 일심으로 수행하라 당부하셨다. "자등명自燈明 법등명法燈明"으로 유훈을 남겼다. 자기 자신을 등불로 삼고 자기를 의지하라. 진리를 등불로 삼고 진리에 의지하라. 이 밖에 다른 것에 의지해서는 안 된다. 부처님이 열반에 들기 직전 마지막으로 설한 설법으로 부처님의 마지막 유훈이자 제자들에게 대한 간절한 당부를 하신 것이다.

부처님이 "처음 가르친 법도 계율을 지키는 것이며, 마지막 가르침도 계율을 지키며 열심히 일심으로 수행하라는" 가르침이다.